빅터 프랭클이 그린 자신의 캐리커처

빅터 프랭클

어느 책에도 쓴 적 없는 삶에 대한 마지막 대답

빅터 프랭클

어느 책에도 쓴 적 없는 삶에 대한 마지막 대답

빅터 프랭클 지음 ㅣ 박상미 옮김

특별한서재

일러두기

이 책의 각주는 독자들이 쉽게 이해할 수 있도록 원서의 주와 옮긴이 주를 함께했습니다.

빅터 프랭클과 로고테라피

로고테라피 창시자인 빅터 프랭클Viktor Emil Frankl 박사는 정신과 의사이자 신경학자, 철학자입니다. 1905년 오스트리아의 빈에서 태어났고, 빈 대학에서 의학 박사와 철학 박사 학위를 받았습니다. 제2차 세계대전 당시 온 가족이 유대인이라는 이유로 수용소에 끌려간 후, 프랭클은 3년 동안 테레지엔슈타트, 아우슈비츠, 제3 카우페링 수용소, 튀르크하임 수용소 네 군데를 거쳤으나 끝내 살아남았습니다. 죽음의 수용소에서 살아남은 본인의 '체험'을 통해 발견한 치료법이 바로 '로고테라피'입니다. 가족의 생사조차 알 수 없는 혹독한 시간을 보내는 와중에도 매일매일 '삶의 의미'를 발견하고, 인간 존엄성의 승리를 보여준 프랭클 박사의 체험이 발견한 이론입니다. 프랭클은 죽음 가운데서 희망을 발견하게 하는 기적의 힘을 지닌 로고테라피를 본인이 창시한 게 아니라 '발견'한 것이라고 강조합니다.

프로이트의 정신분석, 아들러의 개인심리학과 더불어 정신요법 제3 학파라 불리는 로고테라피 학파를 빅터 프랭클 박사가 창시한 이후, 해외에서는 '드라마틱한 치유 효과'로서 로고테라피를 선호하는 사람들이 많습니다. 엘리자베스 S. 루카스는 "정신치료 역사상 로고테라피만큼 독단적이지 않은 학파는 이제까지 없었다"라고 말했습니다. 아들러도 모든 치료법은 어느 정도 의미치료의 요소를 갖고 있다고 인정했고요. 실존주의 철학자 야스퍼스는 프랭클의 책을 '인류 역사상 가장 위대한 책 중 하나'라고 극찬하였습니다.

프랭클은 모든 사람에게는 '현실의 어려움을 극복할 수 있는 가능성'이 있다고 말합니다. 비참한 상황을 극복하고, 고통 속에서 의미를 발견할 수 있고, 의미 없어 보이는 고통도 가치 있는 업적으로 바꿀 수 있는 가능성이 있다는 것입니다. 모든 일에는 의미가 있다고 확신합니다. 로고테라피는 이런 확신의 토대 위에서 체계화된 이론입니다.

프랭클 연구의 시작과 끝은 언제나 '사람 중심'이었고, 사람 중심이 아닌 연구를 반대하였으며, 오로지 환자를 통해 배우고, 환자의 말에 귀 기울이려고 애썼던 의사이자 가슴 뜨거운 치유자였습니다. 프랭클의 부모님, 아내 틸리, 형은 각기 다른 수용소에서 죽었고 여동생과 본인만 살아남았습니다. 신은 모든 사람에게 다른 죽음을 주었지만, 극심한 고통일지라도 그 자체로 의미가 있으며 발견해야 하는 의미가 있을 것이라고 프랭클은 말합니다.

해방 후, 프랭클은 빈 의과대학의 신경정신과 교수, 빈 대학 병원 신경정신과 과장으로 일했고, 미국 하버드 대학교, 서던 메소디스트 대학교, 듀크 대학교에서 방문 교수로 재직했습니다. 1970년, 미국 인터내셔널 대학은 캘리포니아 샌디에이고 캠퍼스에 세계 최초로 로고테라피 강의를 개설하고 프랭클을 초빙 교수로 모십니다. 전 세계 29개의 대학에서 명예박사 학위를 받기도 했습니다. 프랭클이 쓴 『인간의 의미 추구Man's Search for Meaning』(죽음의 수용소에서)는 전 세계 독자들에게 큰 사랑을 받았습니다. 미국정신과협회American Psychiatric Association는 정신치료에 대한 공헌을 인정해 빅터 프랭클에게 1985년 오스카 피스터상을 수여했습니다.

프랭클은 인생의 매 순간을 최선을 다해 의미를 발견하며 살았습니다. 80세까지 암벽 등반을 즐겼고, 80세가 넘어서 경비행기 자격증을 따기도 했습니다. 93세에 영면에 들기까지 강의와 집필을 쉬지 않았고, 40권의 책을 남겼습니다. 1997년 심부전으로 삶을 마감하고, 비엔나 중앙 묘지Zentralfriedhof의 유대인 구역에 잠들어 있습니다.

박상미

부모님

나는 빈의 명소인 카페 질러Siller에서 태어날 뻔했죠. 1905년 3월 26일 일요일 화창한 봄날 오후, 카페에서 티타임을 즐기던 어머니에게 진통이 시작됐다고 해요. 그날은 베토벤이 죽은 날이기도 합니다. 나는 많이 칭얼거리고 잠투정이 심한, 손이 많이 가는 아이였다고 해요. 어머니가 자장가 〈옛날, 아주 먼 옛날〉을 부르고 또 불러야만 잠들었다죠. '이젠 좀 자거라, 아가, 이젠 자야 해. 한 번 더 부르마. 옛날, 옛날, 아주 먼 옛날······' 음정과 박자가 똑같아야만 잠드는 까다로운 아이였다고 해요. 전 기억이 전혀 나지 않는데 말입니다.

어머니는 선하고 인자한 분이셨어요. 어머니는 프라하의 명문가에서 태어나셨어요. 프라하에 살았던 독일 작가 비너Oskar Wiener의 조카지요. 오스트리아 작가 마이링크Gustav Meyrink의 소설

『골렘』에서 불멸의 인물로 묘사된 비너 말입니다. 어머니는 12세기 사람인 라쉬Raschi의 후손이며, 프라하에서 유명한 '고귀한 랍비' 마하랄Maharal의 후손이기도 합니다. 가족의 역사를 공부하며 알게 되었죠.

부모님과 나는 정서적으로 매우 친밀했어요. 그래서 부모님과 떨어져 지내는 것은 너무 힘든 일이었죠. 여러 병원에서 숙직을 하며 수련하던 시절에는 몇 년간 심각한 향수병에 시달려야 했어요. 일주일에 한 번은 꼭 집에 가서 부모님을 만나야 했고, 더 바빠졌을 땐 한 달에 한 번, 그리고 생일만큼은 반드시 집에서 부모님과 시간을 보냈죠. 우리는 유난히 가족애가 강했어요.

어머니는 한없이 선하고 인자한 분이셨고, 아버지는 엄격하고 책임감과 의무감이 강한 분이셨어요. 원칙을 세우고 충실히 실행하는 사람이었죠. 나 또한 아버지의 훈육 덕분에 원칙주의자로 성장했습니다. 아버지는 금요일 저녁마다 나와 형에게 히브리어 기도문을 외우도록 하셨죠. 우리 형제는 장난꾸러기였지만, 벌을 받은 기억은 없어요. 하지만 잘한 일에도 상은 없었죠. 그래도 기도문을 완벽하게 외웠을 때는 아버지께서 10헬러를 상금으로 주셨어요. 일 년에 한두 번 있는 일이었지만요.

아버지는 잘 참고 인내하는 사람이었지만, 불같이 화를 낼 때도 많았어요. 언젠가 저에게 너무 화가 난 아버지가(기억은 안 나지만, 큰 잘못을 했던 게 분명요) 등산용 지팡이가 부러질 정도로 나를 두들겨 팬 적이 있었답니다. 아버지의 모습은 정의의 화신 같아 보였어요. 너무나 아팠지만, 아버지의 든든한 보호 아래 있다는 안도감이 들었던 것 같아요.

저는 아버지를 많이 닮은 아들입니다. 하지만 성격은 어머니와 아버지로부터 각각 물려받은 기질이 팽팽하게 함께 존재하는 것 같아요. 예전에 인스부르크 대학 정신과의 임상심리사에게 로샤 검사 Rorschach Test[1]를 받은 적이 있어요. 철저한 합리주의자이면서 섬세한 감성을 지닌, 복합적인 기질을 가진 보기 드문 사람이라는 평가를 받았죠. 전자는 아버지로부터, 후자는 어머니로부터 물려받은 기질이지요.

아버지는 남부 매렌 지방 출신입니다. 가난한 인쇄 기술자의 아들로 태어나 궁핍하게 자라면서도 의학 공부에 매진했다고 해요. 결국 학비를 감당하지 못해서 학업을 포기하고 공무원이 되었죠. 성실하고 책임감이 강한 아버지는 사회복지국의 국장 자리까지 오르게 됩니다.

아버지는 오스트리아의 배른라이터 장관 Joseph Maria von Baernreither 의 수행 비서로 근무한 적이 있었어요. 장관은 그 당시 법 집행

---

1 대표적인 투사검사로서, 수검자의 무의식이나 정서와 같은 심리상태를 진단하는 목적으로 활용됩니다.

개혁 방안에 대한 책을 쓰면서, 아버지에게 자신의 원고를 옮겨 쓰는 일을 맡겼어요.(아버지는 10년간 속기사로 일한 적도 있어요) 늘 함께하는 수행 비서인 아버지를 식사 자리에 초대하는 일도 많았는데, 아버지는 항상 초대를 사양했어요. 우리 가족은 1차 세계대전 이전까지 유대인 관습에 어긋나는 음식은 입에 대지 않았기 때문이죠. 이유를 알게 된 장관은 하루 두 번, 유대교의 관습에 맞는 음식을 구할 수 있는 근교로 자신의 마차를 보내서 아버지를 위한 음식을 사오도록 했어요. 빵과 치즈만 먹는 아버지를 위한 극진한 배려였던 거죠.

그 시기에 아버지는 상관으로부터 회의 내용을 기록하라는 지시를 받았는데, 그날은 '욤 키푸르_{Jom Kippur}('속죄의 날'이라는 뜻으로 유대교 최대의 명절)'여서 거절할 수밖에 없는 상황이었죠. 이날엔 모든 일을 멈추고, 24시간 동안 단식하면서 기도를 해야 합니다. 상관은 징계를 받을 수 있다며 질책했지만, 아버지는 끝내 종교적 신념을 지켰기에 대가로 징계를 받아야 했죠.

아버지는 독실한 유대교 신자였지만, 맹목적인 신자는 아니었습니다. 오스트리아의 자유롭고 주체적인 유대인이었고, 훗날 미국에서 '개혁의 유대인'이라 불렸던 유대인이라고 할 수 있습니다.

나의 아버지는 테레지엔슈타트 수용소에서 눈을 감습니다. 감자 껍질로 연명하던 아버지는 결국 굶어 죽었어요. 나는 훗날 테레지엔슈타트에서 아우슈비츠를 거쳐 카우페링 수용소로 이 감하는 여정을 거쳤어요. 수용소 안에서 굶주림에 지쳐 언 땅을 손톱으로 파내어 바짝 마른 당근 뿌리를 뽑아 먹는 처지에 놓였을 때, 비로소 아버지의 심정을 공감할 수 있었습니다.

어린 시절

나는 체르닌가세 6번지에서 태어났습니다. 우리 집 건너편 7번지에 개인심리학의 창시자인 아들러 Alfred Adler 가 살았었다는 얘기를 아버지께 들은 적이 있어요. 제2 빈 학파인 아들러의 심리학과 제3 빈 학파인 나의 로고테라피가 한 동네에서 탄생했다는 건 우연치곤 참 흥미로운 일이지요?

우리 구역의 반대편에 있는 프라터 거리엔 오스트리아의 애국가처럼 불리는 〈아름답고 푸른 도나우강〉을 작곡한 요한 슈트라우스의 집이 있었답니다.

로고테라피 이론은 이곳에서 탄생했습니다.(책은 빈으로 돌아온 이후, 빈의 집에서 집필했어요. 제 서재엔 반원 모양의 창이 있었어요. 집필하는 것이 출산하는 것만큼 고통스러웠기 때문에, 나는 서재를 '반원의 분만실'이라고 불렀답니다)

나는 세 살 때 의사가 되기로 마음먹었어요. 내 또래 어린아이들의 꿈은 선장이나 군인이 되는 거였죠. 나는 때에 따라 큰 배의 의사나 군의관이 되겠다고 생각하면서 인기 있는 꿈들과 내 꿈을 간단히 조합해버렸죠. 어린 시절 나는 엉뚱한 연구에도 관심이 많았어요. 내가 네 살 때 어머니께 한 말은 지금도 정확하게 기억이 나요.

"엄마, 사람들이 치료약을 어떻게 발명하는지 저는 알아요. 죽고 싶은 사람들과 아픈 사람들에게 구두약, 휘발유, 무엇이든 다 먹게 하는 거예요! 그런 걸 다 먹고도 살아나면 자기 병을 고칠 수 있는 약을 발명하게 되는 거 아닐까요?"

물론 그럴 때마다 어머니께 야단만 맞았지만 말입니다. 그 무렵 나는 생각이 넘쳐났어요. 어느 날은 잠들기 직전에 갑자기 죽음의 공포가 밀려와서 벌떡 일어나 앉았던 기억이 납니다.

'언젠가는 나도 죽겠지?'

하지만 평생 나를 따라다닌 질문은 죽음에 대한 것이 아니었어요.

'삶의 허무함 때문에 인생의 의미를 잃어버린다면?'

나는 스스로 묻고 답을 찾기 위해 애썼죠. 그리고 마침내 답을 찾았습니다.

'죽음이 삶을 더욱 의미 있게 만든다.'

존재의 허무함이 존재의 의미를 파괴할 수는 없습니다. 우리가 겪은 모든 시간과 경험은 과거로 사라지는 것이 아니라, 과거에 안전하게 보관되는 것입니다. 누구도 그 무엇도 그것을 훼손하거나 없앨 수 없습니다.

나는 1차 세계대전으로 인해 두 가지 소원을 이루지 못해서 마음이 아팠어요. 보이스카우트가 되는 것, 나만의 자전거를 갖는 것. 그 소원은 이루지 못했지만, 꿈꾸지도 못했던 더 큰 일을 이룬 적이 있답니다. 우리 동네 공원 놀이터에서 가장 힘센 녀석을 내가 한 방에 넘어뜨린 사건이었어요.(뒤에서 목을 조르는 수법을 쓰긴 했지만요)

청소년 때는 소설가가 되고 싶었어요. 내가 쓰고 싶은 소설은 이런 내용이었죠. 잃어버린 노트를 찾기 위해 고군분투하는 이야기인데요, 주인공은 결국 노트를 찾습니다. 그런데 노트 일정표에서 기억나지 않는 메모를 발견하게 됩니다.

"XX년, 7월 9일. 브륀역."

이때 무슨 일이 있었지? 한참 고민하던 그의 머릿속에 철로가 떠올랐습니다. 그가 두 살 무렵, 브륀역에서 죽을 뻔했던 사건이 있었죠. 엄마, 아빠가 잠시 한눈을 판 사이에 두 살 소년은 플랫폼 아래로 기어가서 기차 바퀴 앞 선로에 걸터앉아 놀고 있었던 거예요! 열차가 웅장한 출발 신호를 알린 후에야 부모는 선로에

빅터 프랭클

앉아 있는 꼬마를 발견하고 선로 위로 끌어올렸고, 열차는 곧바로 출발했답니다.

아, 정말 다행이에요. 나는 지금도 가슴을 쓸어내립니다. 왜냐하면 그 아이는 바로 빅터 프랭클이기 때문이죠.

어린 시절을 돌이켜보면, 성장 환경이 나에게 안정감을 주었던 것 같습니다. 철학적인 사색보다 환경이 중요하죠. 다섯 살 무렵, 피서지 하인펠트에서의 기억을 잊지 못해요. 눈부신 아침이었는데, 햇살이 눈꺼풀을 간질거릴 때 나는 눈을 감고 있으면서도 무언가 따뜻한 기운이 나를 행복하고 안전하게 감싸고 있는 느낌을 받았어요. 누군가 나를 든든하게 보호하고 있는 충만한 느낌! 눈을 떠보니 아버지가 미소 띤 얼굴로 잠든 나를 바라보고 있었어요.

아이들은 자라면서 성에 관심을 갖지요. 저도 성에 눈을 뜨게된 사건이 있었어요. 다섯 살 때 가족과 함께 비너발트로 여행을 갔는데, 숲에서 형과 놀다가 카드가 잔뜩 들어 있는 주머니를 주웠어요. 열어보니 벌거벗은 남자와 여자의 사진들이 있었죠. 이게 뭐지? 멀뚱히 바라보고 있을 때 얼굴이 붉어진 어머니가 얼른 주머니를 빼앗아 갔고요.

여덟 살 즈음에는 갑자기 비밀스런 느낌이 엄습해온 적이 있었어요. 그 당시 우리 집에는 아주 예쁜 하녀가 있었는데, 종종 형과 나에게 가슴과 음부를 보여주었어요. 심지어 형과 내게 자기 팬티를 벗기고 자신의 음부를 만지며 놀라고 했죠. 일부러 카펫에 드러누워 다리를 벌리고 잠을 자면서 우리 형제의 호기심을 자극했지요. 그 비밀스런 장난이 끝나고 나면, 그녀는 우리 형제에게 엄포를 놓았어요.

"우리 셋만의 비밀이야. 절대로 부모님께 말해선 안 돼! 알겠지?"

그 후 몇 년 동안, 나는 작은 잘못이라도 저지르면 겁에 질려서 벌벌 떨었어요. 그 하녀 때문이었어요.

"너, 조심해. 엄마한테 비밀을 폭로해버릴 테니까!"

우리의 비밀은 그녀가 나를 협박하는 용도로 쓰였어요.

그러던 어느 날, 우연히 우리 대화를 듣게 된 엄마가 하녀를 추궁합니다.

"비밀? 무슨 비밀이지? 나는 내 아들의 비밀을 알아야겠어!"

하녀는 당황해서 내가 잼을 훔쳐 먹은 걸 비밀로 해주기로 했다고 둘러대며 위기를 넘겼죠. 마리는 내가 말실수라도 할까 봐 엄청 겁먹었을 거예요. 나도 약속을 지킨다는 걸 증명하기 위해선 무슨 말이든 해야 했기에, 며칠 후 아버지께 가서 이렇게 고백했어요.

"아버지, 사실 제가 말씀드리지 못한 게 있어요. 하녀와 함께

회전목마를 타러 프라터 공원엘 갔었는데, 부모님껜 비밀로 했어요. 다음엔 숨기지 않을게요.”

이렇게 잔머리를 쓰는 걸로 조용히 끝났습니다. ‘아버지, 제가 사실 그녀의 젖가슴을 만지고 놀았어요’ 이렇게 말씀드릴 순 없었으니까요.

그 후로 차츰차츰 성과 결혼에 대해 자연스럽게 알아가게 되었어요. 나는 열 살 무렵부터 어른이 되어 결혼을 하면, 잠을 자지 않거나 아주 늦게 잠자리에 들겠다고 다짐했어요. 왜냐하면 아름다운 섹스에 대한 환상 때문이었죠. 일찍 잠드는 건 아름다운 경험을 놓쳐버리는 안타깝고 어리석은 일이라는 생각이 들었거든요. 잠을 자지 않고 아름다운 경험을 즐겨야겠다는 생각을 했어요.

제가 성에 대한 생각만 한 건 아닙니다. 어릴 때부터 철학적인 질문을 많이 했어요. 그 무렵 부모님과 친분이 있었던 여선생님은 저를 ‘철학자’라고 부르셨어요. 제가 끝없이 질문을 했기 때문일 거예요. 잠시 철학자 흉내를 낸 것이 아니라, 나는 평생 철학자로 살고 싶었어요.

청년기에도 매일 아침 침대에서 천천히 커피를 마시면서 내 인생의 의미에 대해, 나에게 미래는 어떤 의미가 있는지에 대해 생각했죠. 쓸데없는 잡념이었을 수도 있지만, 소크라테스 대화

법의 자기성찰에 가까운 고민이기도 했을 거예요.[2]

갑자기 테레지엔슈타트 수용소에서의 일이 기억납니다. 프라하에서 온 어느 교수가 일부 사람들을 대상으로 지능 검사를 실시했는데, 나는 '평균보다 약간 높은' 점수가 나왔어요. 크게 실망했죠. 왜냐하면, 나와 비슷한 지능을 가진 사람들은 밖에서 자신의 지능을 잘 활용하며 살아가고 있을 텐데, 나는 내 지능을 활용하지 못한 채 수용소 안에 있는 처지였기 때문입니다.

나는 새로운 아이디어를 잘 만들어내는 사람이었어요. 사람들 앞에서 새로운 아이디어를 제시할 때마다 쾌감을 느꼈죠. 타인들이 머리를 쥐어짜며 책을 써가며 어떤 결과를 얻을 때, 나는 좀 더 빨리, 쉽게 결과를 얻는 경우가 많았어요. 그래서 누군가가 나와 같은 생각을 먼저 해내서 노벨상 수상자가 된다 해도 억울하거나 안타까운 마음이 들 것 같지 않았죠.

---

[2] 프랭클이 창시한 로고테라피에서는 '소크라테스 대화법'을 중요시합니다. 소크라테스 대화법(Socratic Dialog)이란, 소크라테스의 상담 방법으로 철학 상담 영역에 속합니다. 소크라테스의 대화는 상대가 스스로 자각하도록 도와주는 대화법입니다. 산파술이라고도 불리는 그의 질문법은, 아이를 낳을 때 옆에서 도와주는 산파처럼 상대가 깨달음을 얻을 수 있도록 질문을 통해 도와줍니다. 소크라테스 대화법에서 가장 중요한 것은 상대에게 답을 제시하지 않는 것입니다. 상대가 스스로 답을 찾도록 도와주는 게 핵심이지요. 상대방이 알고 있다고 생각하는 것에서 질문을 시작해서, 스스로 모순을 깨닫게 합니다. 자신의 무지를 자각하고 의미와 가치를 찾아가도록 질문으로 도와주는 것입니다. _이시형·박상미, 『내 삶의 의미는 무엇인가』

빅터 프랭클

이성

나는 완벽주의자여서 잠시도 자신을 가만히 내버려두지 않는 편입니다. 열심히 해도 늘 맘에 흡족하진 않지요. 하지만 가끔 흡족한 결과를 성취하면, 성공 비결이 무엇인지 분석합니다. 사람들이 성공 비결을 질문하면 제 세 가지 원칙을 말해줍니다.

첫째, "작은 일을 할 때는 큰일을 할 때처럼 철저하게 하고, 큰일을 할 때는 작은 일을 할 때처럼 편안하게 하라."

나는 아주 짧은 논평을 할 때는 꼼꼼하게 살펴보고 생각을 정리한 후 글을 씁니다. 수천 명을 대상으로 강연을 할 때는 철저하게 원고를 작성한 다음, 실전에서는 열두 명 앞에서 대화하듯 편안하게 강연을 합니다.

둘째, "일을 할 때는 신속하게 처리하라."

일이 많을수록 처리해야 할 미결의 과제들 때문에 압박감을 많이 느끼기 때문에, 그 부담을 덜기 위해서입니다.

셋째, "가장 하기 싫은 일을 먼저 하라."

하기 싫은 일을 먼저 해치워야 고통이 빨리 끝납니다.

물론 이 원칙을 항상 지키며 살아온 건 아닙니다. 마리아 테레지엔 슐뢰셀 병원과 슈타인호프 병원에서 근무할 당시, 매주 일요일엔 보드빌 극장에 가서 영화를 봤는데 늘 마음이 불편했습니다. 내 생각을 정리해서 책을 써야 하는데, 중요한 일을 미루고 있기 때문에 마음이 불편했던 것이지요.

그런 버릇은 수용소에 들어가면서 완전히 없어져버렸습니다. 수용소에서는 틈만 나면 한 줄이라도 책을 쓰기 위해 안간힘을 썼으니까요. 일분일초를 아껴서 의미 있게 쓰는 법을 그 시절에 몸에 익혔습니다. 내 삶에서 꼭 해야만 하는 의미 있는 일에 나의 시간을 바쳤습니다.

하지만 고백할게요. 나는 내가 정한 인생의 원칙에 대해 끊임없이 의심을 품었습니다. 내가 세운 원칙을 의심한다는 것 자체에 화가 나기도 했고, 원칙을 지키지 못할 때는 며칠씩 한 마디도 하지 않을 정도로 나 자신에게 화를 내는 사람이 저였어요.

감성

───

나는 이성주의자이지만 감성적인 사람입니다. 내가 수용소로 끌려가기 전에 있었던 일입니다. 그 시절은 정신질환이 있는 사람들을 안락사시키던 때였어요. 정말이지 저는 그런 현실이 너무나 가슴 아팠어요. 어느 날 밤엔 꿈을 꾸었어요. 안락사 대상자로 지정된 사람들이 가스실 앞에 줄지어 서 있었죠. 나는 잠시 고민하다가 그들과 함께 줄을 섰습니다. 유대인 소아과 의사 야누슈 코르작[3]이 떠올랐어요. 자신이 돌보던 200명의 고아를 나

───

3 유대계 폴란드인인 헨느리그 골드슈미트(Henryk Goldszmit)는 필명인 야누슈 코르작(Janusz Korczak, 1878~1942)으로 더 잘 알려진 사람입니다. 소아과 의사이자 동화 작가이며, 아동 교육가인 야누슈 코르작은 의사인 직업을 버리고, 폴란드의 수도 바르샤바에서 유대인 고아들을 위한 고아원을 설립한 뒤 고아들의 아버지로 살았습니다. 그는 진심으로 어린이들을 사랑하고 어린이들의 인권을 존중했어요. '어린이들은 없다. 다만 사람들이 있을 뿐이다', '어린이들도 인격체로서 자율과 자유를 보장받아야 한다'고 주장했어요. 실제 야누슈 코르작은 자신이 운영하던 고아원에 아이들끼리 운영하는 법정을 만들었습니다. 아이들이 문제의식을 가지고 그 문제를 스

치군이 끌고 가서 가스실에 처넣을 때, 아이들과 함께 가스실로 들어갔던 코르작. 그가 현실에서 한 행동을 나는 꿈에서 했던 것이죠. 나는 그의 마음을 깊이 공감할 수 있었어요. 부족하지만 나는 장점을 많이 가진 사람이죠. 그중 한 가지만 말해보라고 한다면, 타인이 내게 선을 베풀면 반드시 기억하고, 악을 행하면 빨리 잊어버린다는 것입니다.

내 인생의 소원은 무엇이었을까 생각해봅니다. 청소년기에는 많은 것을 소유하고 싶었습니다. 집과 차를 가지고 싶었고, 대학에서 강의를 하고 싶었습니다. 차를 갖게 되었고, 집은 사지 못했지만 딸에겐 집을 사주었습니다. 계약직 교수지만 대학에서

스로 해결하는 데 있어 선생님들까지 법정에 소환할 수 있도록 한 건 파격적인 발상이었습니다. 어른과 똑같이 민주적인 원칙을 세워 실천하게 한 것이지요.

1939년 제2차 세계대전이 벌어지고, 나치의 유대인 말살 정책이 심해졌습니다. 폴란드를 점령한 독일군은 야누슈 코르작의 고아원을 바르샤바의 유대인 게토(Ghetto)로 강제 이주시킵니다. 게토 구역이란 유대인들을 모아놓은 감옥 같은 곳이지요. 그러던 1942년 8월 어느 날 아침, 두려워하던 일은 마침내 코앞에 다가오고야 맙니다. 코르작은 나치 군인들에 의해 포위되었는데, 한 독일군 무장친위대(SS)가 그를 알아보았습니다. 널리 알려진 동화 작가이자 교육자이며, 사회사업가인 코르작을 알아본 것이죠. 고아들과 선생님들을 내놓으면 자신의 목숨은 살려주겠다는 제안을 받았지만, 코르작은 자기 살 길만을 찾는 사람이 아니었습니다. 아이들을 구해낼 수 없다면 아이들이 가스실에서 죽는 그 순간까지 함께하는 것이, 함께 죽음을 맞이하는 것이 당연하다고 생각했어요.

코르작과 192명의 고아들이 악명 높은 트레블링카 강제수용소(Treblinka Extermination Camp, 아우슈비츠 다음으로 많은 유대인 80만 명이 죽었던 수용소)로 끌려가던 날 아침, 코르작은 명랑한 목소리로 외칩니다. "얘들아, 우리 소풍을 가자! 가장 깨끗한 옷을 입고, 가방을 메고 줄지어서 기차를 타자." 코르작은 약 200명의 아이들, 그리고 수십 명의 선생님들과 함께 기차역까지 행진을 합니다. 누가 보아도 소풍을 떠나는 모습이었어요. 네 명씩 짝지어 줄을 서고, 코르작이 쓴 동화책의 주인공인 우쉬 왕의 깃발을 들고 행진했습니다. 코르작이 맨 앞에 섰고, 깨끗한 옷을 입은 아이들이 뒤를 따랐습니다. 1942년 8월 7일, 야누슈 코르작은 아이들과 함께 가스실에서 삶을 마감했습니다.

빅터 프랭클

강의도 하게 되었습니다.

이제 내가 더 원하는 것이 있다면 무엇일까. 곰곰이 생각해봅니다. 하나를 집어서 말해야 한다면, 특별한 암벽 등반 루트 개척자가 되고 싶습니다. 암벽 등반가 루돌프 라이프Rudolf Reif가 제 친구예요. 그에게 등반 권유를 받은 적도 있지만 병원에서 일하는 동안엔 휴가를 내기 힘들었죠. 아무튼 내게 가장 떨리는 일이 세 가지가 있는데 첫째는 암벽 등반, 둘째는 카지노 게임, 셋째는 뇌 수술입니다.

나는 회복탄력성이 좋은 사람입니다. 마음이 괴로울 때도 빨리 빠져나올 수 있습니다. 낙천적이고 삶을 즐기는 기질을 타고난 것 같기도 해요. 제 삶의 원칙이 하나 더 있어요. 난관에 부딪혀서 화가 날 때면 '앞으로 더 열받는 일이 일어나지 않게 해주세요'라고 마음속으로 무릎 꿇고 기도하는 것입니다. 화가 금방 가라앉는 효과가 있어요.

의미 있는 일에 등급이 있듯이, 의미 없는 일에도 등급이 있습니다. 그것을 구별하는 것은 중요합니다. 우리가 겪는 일들 중에는 꼭 기억해두어야 할 것들이 있습니다. 테레지엔슈타트 수용소의 화장실 벽에서 이런 문장을 발견한 적이 있어요.

"어떤 일이든 이겨내자. 오물에 빠져도 즐거워하자."

우리는 긍정적으로 살아야 합니다. 그래야만 인생을 즐길 수 있습니다. 미래를 기대하는 것도 중요하지만, 과거를 의미 있게 기억하는 것 또한 중요합니다. 잃어버린 노트를 찾기 위해 애쓰는 나의 소설 속 주인공처럼 감사한 날, 행운의 날을 기념일로 지정하고 기억하며 축하해야 합니다.

저는 열세 살쯤 또 한 편의 단편소설을 구상한 적이 있어요. 한 남자가 약을 개발했는데, 두뇌가 좋아지는 약이었어요. 이 소문을 들은 제약회사들은 발명가를 찾아 나섰지만, 그를 찾기란 쉽지 않았어요. 왜냐하면 그가 자신이 만든 약을 먹고 머리가 너무 좋아졌기 때문이었죠. 현명해진 그는 자신이 발명한 약이 상업적으로 악용되는 걸 원치 않았기에 숨어버린 것이었습니다. 나는 이 소설을 구상만 하고 한 줄도 쓰지는 않았어요.

열다섯 살 즈음엔 시를 썼어요. 들어보세요.

존재 그리고 인생
그것은 나에게 꿈이 되었지.
나는 보았네

빅터 프랭클

별 두 개가 떠다니는 것을.

별 두 개는 하나가 되기를 원했지.

하지만 이런 바람은 고통이 되었지.

빛의 고통!

그래서 두 개의 별은 더 작아졌지.

하지만 멀리서

별 두 개가 하나가 된 것을

나는 보았네.

두 번째 시는 인도의 형이상학이자 신비주의인 '베단타(인도 철학의 한 종파)'에서 인용한 것이었어요.

내 영혼은 구속으로부터 자유를 얻었습니다.

내 영혼은 사투 끝에 시간과 공간을 가로챈 다음

끝없는 영원 속으로 잠들어버렸습니다.

끝없는 영원 속으로 흘러갔습니다.

그리고 모든 걸 포용하는

모든 존재의 근원을 찾아갔습니다.

지혜롭고 차분한 사람은 열매를 맺게 되어 있습니다. 제가 병리학 구술시험을 봤을 때의 일입니다. 마레쉬 교수님이 제게 물었어요.

"위궤양이 발병하는 이유를 말해봐."

나는 공부했던 이론들을 인용하여 답을 했어요. 마레쉬 교수님은 추가 질문을 이어나갔죠.

"그래. 또 다른 이론도 있지. 말해보게."

"네, 알고 있습니다."

나는 덧붙여서 답을 해나갔죠.

"좋아. 그건 누구의 이론이지?"

내가 답을 하지 못하자, 그는 힌트를 주었습니다. 덕분에 나는 그 학자의 이름을 운 좋게 맞힐 수 있었습니다. 나는 시치미를 뚝 떼고 이렇게 너스레를 떨었어요.

"하필 이 학자의 이름만 순간적으로 기억나지 않네요."

솔직히 나는 이론도, 학자도 몰랐습니다. 구술시험장에서 갑자기 떠오른 것이었죠.

유머 감각

말을 재치 있게 하는 사람들은 언어유희 감각이 뛰어나죠. 나의 가장 친한 벗 루돌프 라이프는 2차 세계대전이 일어나기 전, 알프스 산악회 '도나우'의 회장이었어요. 저도 산악회 회원이었죠. 그는 단체 등반을 할 때마다 정신과 전문의인 나를 '바보 박사'라고 불렀어요. 그때는 내가 슈타인호프 정신병원에서 일하던 때였어요. 기분이 상했지만 참고 있던 어느날, 더는 참지 못하고 한마디 쏘아붙였죠.

"라이프, 말조심해요. 계속 나를 바보 박사라고 부른다면 나는 당신을 '슈타인호프라이프('슈타인호프'는 빈에 있는 정신병원 이름이고, '라이프'는 '~할 만큼의 상태에 이르다'라는 뜻이므로 '정신병원에 가야 할 상태에 이르다'라는 뜻)'라고 부를 테요!"

실제로 빈에 사는 사람들은 정신과 치료가 필요해 보이는 사람을 '슈타인호프라이프'라고 불렀으니까요. 내 친구 라이프는 그 후로 나를 부를 때 예의를 차려서 이렇게 불렀습니다.

"박사님!"

언어유희는 새로운 단어를 창조해내기도 합니다. 2차 세계대전이 끝난 후 문학청년들의 동호회에 초대를 받은 적이 있었어요. 한 사람이 자신이 최초로 쓴 글 한 편을 낭송하기 시작했죠. 함께 갔던 내 사촌 레오 코르텐은 웃음을 참으며 내 귀에 대고 속삭였어요.

"카프카Kafka[4]로군!"

그가 카프카의 문체를 티 나게 모방하고 있었기 때문이죠. 나는 이렇게 답했어요.

"새로운 카프카Neskafka!"

내가 하버드 대학교에 방문 교수 자격으로 가 있던 1961년엔 이런 일이 있었어요. 강의 도중에 너무 더워서 문을 열어두었죠. 로고테라피 수업이 한창 진행되고 있을 때, 갑자기 개 한 마리가 나타나서 감독관처럼 살펴보다가 슬며시 나가더군요.

---

4 체코의 소설가(1883~1924).

모두 할 말을 잃고 그 광경을 지켜만 보고 있었죠. 그때 제가 말했어요.

"이 광경은, 도고테라피 Dogotherapy?"

학생들이 박장대소했죠. 로고테라피 시간에 일어난 도고테라피!

나는 항상 재치 있는 말을 즐겨 사용했어요. 내 소유의 승용차 없이 다른 사람들의 차를 얻어 타고 다니던 시절엔 이렇게 말했죠.

"난 헤테로모바일 Heteromobile만 타요!"

'헤테로'는 '다르다'라는 뜻이죠. 그러니까 '항상 다른 차'를 탄다는 뜻의 단어를 만들어 쓴 거지요.(대중교통이나 택시를 이용했으니까요)

신조어를 만들지 않더라도 언어유희는 언제나 즐길 수 있어요. 예를 들자면, 차를 마실 때 내 찻잔이 비면 상대는 한 잔 더하라고 권유를 하죠. 그땐 이렇게 사양합니다.

"나는 한 분의 신만 믿고, 차도 한 잔만 마신다오."

유머는 강연하는 사람에겐 필수입니다. 분위기를 좋게 만들지요. 나는 의학 박사와 철학 박사 학위를 둘 다 소유하고 있기에 은근히 자랑을 하고 싶을 때도 있습니다. 평소엔 떠벌리지 않습니다. 하지만 강의할 때는 이렇게 은근히 자랑하면서 웃음도 불러일으키죠.

"나는 박사 학위를 두 개나 가진 걸 말하지 않아요. 왜냐하면 빈 병원의 동료 의사들은 '박사 학위를 두 개나 가진 의사야!'라고 말하는 게 아니라, '이도 저도 아닌 돌팔이 의사야!'라고 말하기 때문이에요."

강연장에서 있었던 일화 중에 으뜸은, 뮌헨의 아카데미에서 있었던 일입니다. 한 청년이 내 강연을 듣다가 다소 공격적으로 질문했어요.

"박사님께서 성에 대해 말씀하시는 건 좀……. 강연하고 공부하느라 찌들어 있는 교수님이 건강하고 행복한 성생활을 즐길 시간이 있긴 한가요?"

나는 당황하지 않고 이렇게 답했답니다.

"딱 맞는 일화가 떠오르는군요. 유명한 제빵사에게 한 청년이 질문을 했어요. 당신 자식이 열 명이나 된다고요? 그럼 대체 빵은 언제 구워요?"

청중들은 배꼽을 잡고 웃었죠.

"온종일 학문에 몰두하는 학자들도 밤에는 성생활을 즐긴다는 걸 의심하지 않아도 됩니다."

청중들의 웃음이 계속 이어졌어요. 그런 순간이, 재치 있는

예시와 답변으로 청중을 내 편으로 만드는 순간이죠.

물론 가끔은 청중의 질문에 당황해서 상황을 벗어나고자 애써야 할 때도 있어요. 미국의 신학 대학에서 특강을 할 때, 신학과 철학의 대가인 틸리히Paul Johannes Tillich의 '신 위의 신The God above the God' 개념에 관해 파고드는 질문을 받았죠. 나는 전혀 모르는 신학 개념이었지요. 그래서 이렇게 말하고 그 난감한 상황을 벗어났어요.

"'신 위의 신'에 대해 내가 감히 답을 한다는 것은, 나 자신을 '틸리히 위의 틸리히'라고 착각하는 게 아닐까요?"

언어유희는 이렇게 다양하게 사용할 수 있어요. 언어유희로 수수께끼를 만든 적이 있는데, 아이디어가 신선했는지 신문에 실린 적도 있었죠.

'이 소년의 이름을 맞추어보세요. 힌트는 그와 나를 화해시키는 것입니다.'

정답은 무엇일까요?

독일어를 아는 사람은 이해할 수 있어요. '에리히Erich'입니다. '그'를 뜻하는 'er'와 '나'를 뜻하는 'ich'를 합치면 '에리히Erich'가 되니까요.

나는 외모만으로는 여자들의 관심을 끌기 어렵다는 걸 일찌 감치 알아차렸기 때문에 늘 꾀를 부렸죠. 무도회장에서 아름다 운 여자를 만나면, 그녀에게 프랭클이라는 사람의 얘기를 늘어 놓았어요. 시민 대학에 가서 프랭클의 강의를 들었는데, 명강 중 의 명강이었음을 강조하며 당신도 꼭 들어봤으면 좋겠다고 진심 으로 말합니다. 그러면 그녀는 결국 나와 함께 그 명강의를 들으 러 가고 싶다고 답하죠. 마침내 우리는 프랭클이 강의하는 장소 에 동행합니다. 큰 강당의 맨 앞줄에 그녀와 함께 앉습니다. 강사 소개와 함께 청중들의 박수가 쏟아지면 나는 무대 위로 올라가서 열정적인 강의를 합니다. 그 뒷일은 여러분이 상상해보세요.

　　강의에 관한 재미있는 일화가 있어요. 종합병원 신경과 과장 으로 있을 때, 직원들을 위한 파티를 연 적이 있어요. 아내가 동 료들 사이에서 내 별명이 무엇인지 알아내려고 의사 한 명에게 계속 술을 권하며 프랭클의 별명을 캐물었죠. 결국 그가 술에 취 해서 아내에게 폭로해버린 나의 별명은 '신경정신과의 괴벨스 Ner-vengoebbels'였어요. 아내와 나의 반응은? 놀라지 않았어요. 별 명의 의미를 부정적으로 해석하지 않았기 때문이죠. 신은 모든 생명체에게 자신을 방어할 수 있는 무기를 주셨으니까요! 발톱, 뿔, 가시, 독과 같은 무기 말이에요. 신은 나에게 '열정적인 강의 능력'을 무기로 주셨죠. 토론회에서도 나를 공격하는 연사는 말로 나를 이기기가 무척 어려웠어요. 나는 청중들을 웃겨서 모조리 내 편으로 만드는 능력이 있었으니까요!

이렇듯 나는 유머를 좋아하고, 언어유희를 잘 활용하는 사람입니다. 그래서 예전부터 '위트의 형이상학'에 대해서 책을 쓰려고 했어요. 내가 아는 위트의 절정을 담은 이야기 한 편을 들려줄까요? 유대인이 많은 폴란드의 작은 도시에 사는 젊은 남자가 창녀의 집을 찾아가고 싶은데, 물어볼 사람이 없었죠. 금기 중의 금기이고, 단골들만 아는 특급 비밀이니까요. 대략적인 위치만 알고 찾아 헤매다가 지나가는 유대인 노인에게 이렇게 묻습니다.

"이 마을 남자들의 랍비는 어느 집에 사나요?"

"저기 초록색 집이오."

"어머나, 랍비께서 창녀의 집에 산다는 말입니까?"

"무슨 말을 하는 거요? 창녀의 집은 저 빨간 집이오!"

"아 그렇군요, 감사합니다."

노인은 어리둥절한 자세로 서 있고, 남자는 웃으며 창녀의 집을 향해 뛰어갔습니다. 유대인들의 마을에도 창녀 집은 있기 마련입니다. 젊은이의 꾀에 노인이 넘어간 것이죠. 위트란 이렇게 풍자와 해학을 짧은 문장 속에 담아내는 힘이 있습니다.

신체에 드러나는 증상들을 정신적 원인에서 찾는 정신신체의학Psychosomatic medicine도 유머로 설명할 수 있어요. 두통, 현기증, 이명 증상으로 고통을 호소하는 남자에게 의사가 정신분석 상담을 받아보라고 권유합니다. 심리적 이유 때문이라고 판단한 거죠. 남자는 정신분석가를 찾아가던 길에 와이셔츠 상점 앞에 멈춰 섰습니다. 원하는 와이셔츠를 발견했던 것이죠.

"목둘레 사이즈를 알려주실래요?"

점원이 묻자 남자가 자신 있게 답합니다.

"42!"

"손님, 제 눈에는 43 정도는 입으셔야 할 것 같은데요?"

"42! 42로 주세요."

"네, 드리죠. 두통, 현기증, 이명 증상이 생겨도 저를 원망하지 마세요."

의사가 왜 정신분석가에게 상담을 받으라고 했는지 아시겠죠? 정신신체의학도 유머를 더하면 쉽게 설명할 수 있죠.

약물정신의학도 유머를 더해서 설명할 수 있어요. 아돌프 히틀러Adolf Hitler의 소규모 개인 경호대로 알려진 나치 친위대(SS) 군사가 기차 안에서 유대인과 마주 앉게 되었어요. 유대인이 말린 청어를 한 봉지 꺼내서 혼자 맛있게 다 먹더니 청어 대가리는 버리지 않고 다시 싸서 가방에 넣으려 했죠. 지켜보던 군사가 물

빅터 프랭클

었어요.

"대가리는 싸가서 뭐 하게요?"

"아이들 먹이려고요. 청어 대가리에 뇌가 좋아지는 성분이 있거든요!"

"내가 사겠소!"

"좋아요. 1마르크 내세요."

친위대 군사는 1마르크를 건네고 청어 대가리를 맛있게 먹어 치웠죠. 그런데 잠시 후에, 유대인의 멱살을 잡고 소리쳤어요.

"이 사기꾼! 생각해보니 청어 한 마리가 10페니히인데, 버리는 대가리를 열 배인 1마르크나 받아?"

유대인은 아주 교양 있고 차분하게 미소를 지으며 답합니다.

"역시! 당신의 뇌에 벌써 효과가 나타나기 시작했군요!"

어떤 증상 때문에 고통을 겪을 때, 단순히 '증상'에만 집중하여 치료를 하면 근본적인 치료 효과가 없어요. 하지만 원인을 찾아서 치료하면 증상을 빨리 없앨 수 있지요. 이번에도 유머를 이용한 예를 들어볼게요. 한 남자가 피서를 갔는데, 민박집 닭이 새벽마다 시끄럽게 울어서 잠을 잘 수가 없었죠. 그는 약국에 가서 불면증 치료제, 즉 수면제를 구입합니다. 집으로 돌아간 남자는 밤마다 닭 모이에 수면제를 골고루 뿌립니다. 그날부터 편하게 꿀잠을 잘 수 있었죠. 원인이 드러나는 증상을 치료하는 요법입니다.

　이렇듯 유머의 효능은 다양합니다. 강제수용소에 갇힌 사람들도 서로를 웃기고, 만담과 언어유희를 즐겼습니다. 고통을 이기는 데도 유머는 꼭 필요했으니까요.[5]

5　수용소 안 공사장 구석에서는 가끔 공연이 펼쳐지기도 했습니다. 노래와 풍자, 우리의 마당극 같은 것이 벌어지기도 했고, 수용자들은 잠시나마 웃으면서 오늘의 고통을 잊기도 했어요. 유머는 자기 보존을 위한 투쟁에 필요한 무기라고 프랭클은 말합니다. 유머는 그 어떤 상황에서도 그것을 딛고 일어설 수 있는 능력과 초연함을 가져다준다는 것입니다.
프랭클은 수용소 안 건축 공사장에서 일하는 친구에게 유머 감각을 개발시키는 훈련을 실시합니다. 적어도 하루에 한 가지씩 재미있는 이야기를 만들어내자는 것이었죠. 이야기의 소재는 '수용소에서 풀려난 뒤에 일어날 수 있는 일'이었어요. 석방된 것을 잊고 수용소 안에서 하던 행동을 해서 우스꽝스러운 상황이 벌어지는 거예요. 모두가 배꼽을 잡고 웃을 수 있는 상황 말이에요. 수용소 안에서 하던 행동과 말이 나도 모르게 툭툭 튀어나오는 겁니다. 예를 들면, 멋진 저녁 식사에 초대받아 가서 우아하게 저녁 식사를 하다가, 주인이 "스프를 더 드시겠어요?"라고 물었을 때, 고급 정장을 입은 남자가 이렇게 대답하는 겁니다. "냄비 바닥을 박박 긁어서 떠주세요!" (건더기가 스프 속에 한 조각이라도 들어오는 건 수용소 안에선 행운이니까) _이시형·박상미, 『내 삶의 의미는 무엇인가』

취미

성격과 개성에 대해 말하려면 취미에 대해서도 언급해야 합니다. 나는 진한 커피를 아주 좋아해요. 바쁘게 강연을 다니다 보면 내가 원하는 커피를 먹을 수 없을 때가 있어요. 그래서 항상 고카페인 정제를 가지고 다닐 정도죠. 언젠가 잘츠캄머구트 Salzkammergut에 있는 그문덴Gmunden에 강연을 갔을 때의 일입니다. 강연 전에 커피를 마시기 위해 카페로 가서 '카푸치너'를 시켰죠. 오스트리아 빈에서 카푸치너는 가장 진한 원두커피를 일컫는 말이에요. 수도사들이 입는 검은 망토 색깔이죠. 수도사를 카푸치너라고 부르기도 하니 연관성이 많죠. 그런데 바리스타가 내게 준 커피는 맹물에 가까운 연한 커피였어요. 나는 서둘러서 호텔로 갔어요. 고카페인 정제를 먹어야 했기 때문이죠. 그런데 갑자기 수도사 한 사람이 내게 다가오는 거예요. 진짜 카푸치너가 나타난 거죠! 내 책에 사인을 받고 싶어서 호텔까지 찾아와서 나를 기다린 거였어요. 카푸치너와 나는 뗄 수 없는 관계인 게 분명해요.

여든 살이 될 때까지 나는 암벽 등반을 하면서 삶의 열정을 불태웠어요. 일 년 동안 등반을 할 수 없었던 때가 있었는데, 그 당시엔 밤마다 암벽을 오르는 꿈을 꿨죠. 다시 산에 오르게 되었을 땐 절벽에 입을 맞추며 올랐답니다. 돌출된 암벽을 탔기에 자연스레 그렇게 되었지만 말이에요. 누구든 젊은 시절엔 에너지가 넘치지만, 나이 들수록 체력이 떨어지죠. 나는 알프스를 등반한 경험도 있고, 숙달된 등반 기술을 갖춘 덕분에 여든 살까지 암벽 등반을 할 수 있었어요. 내 건강을 지켜준 스포츠가 암벽 등반이라고 할 수 있죠.

내 머리는 항상 집필과 강연에 대한 생각으로 꽉 차 있는데, 유일하게 머리를 비울 수 있는 시간이 등반에 집중할 때였어요. 정신과 전문의이자 신부인 톨레로가 오스트리아 대학 신문에 "빅터 프랭클이 명예박사 학위를 27개나 받은 것보다, 알프스산의 암벽 두 군데를 최초로 등반에 성공하여 '프랭클의 비탈길'이라는 칭호를 받은 것이 더 큰 의미가 있다"고 기고한 적이 있어요. 그의 표현에 저도 동의합니다.

앞에서 언급했듯이, 나는 가장 긴장되는 일이 세 가지 있습니다. 첫째는 암벽 등반, 둘째는 카지노 게임, 셋째는 뇌 수술입니다. 가장 행복한 일을 말하라면 이렇게 말하겠어요.

"책 집필을 끝내고, 원고를 넘긴 즉시 멋진 암벽을 타고 오를 겁니다. 내 집 침실처럼 편안한 산장에 도착해서 사랑하는 사람과 같이 그 밤을 보내는 거예요."

정신을 집중하는 데는 암벽 등반이 최고이기에, 알프스의 고원지대인 렉스Rax를 동경하죠. 혼자 외롭게 암벽 등반에 집중하다 보면 어려운 문제들을 이해할 수 있고, 중요한 결단을 하거나 현명한 판단을 하는 데 도움이 된답니다.

알프스뿐만 아니라 타트라 산맥의 고봉에도 올랐죠. 엘리와 같이 아주 위험한(난이도 4등급) 고봉에도 올랐고요. 남아프리카공화국의 슈텔렌보쉬 공립 종합 연구 대학교에 강의를 갔을 때는, 케이프타운의 희망봉[6]에도 올랐답니다. 남아프리카공화국의 산악회장이 나와 동행하는 특별 대접을 받았지요. 그 경험이 계기가 되어서 아프리카 요세미티 계곡 산악 학교에 첫 번째 학생으로 입학하기도 했었죠.

산악 등반에 대한 나의 열정을 잘 아는 내 친구들은 말합니

---

[6] 아프리카 대륙의 끝 아름다운 도시 케이프타운에 있는 희망봉은 17세기에 유럽인들이 인도로 가기 위해 항해하다 발견한, 훼손되지 않은 자연 경관이 그대로 보존된 자연 보호 구역입니다.

다. 내가 예순일곱 살에 첫 비행에 도전하고, 두 달 만에 솔로 비행에 성공한 것은 높은 산에 오르는 암벽 등반을 한 덕분이라고, 높은 곳을 향하는 심리학을 추구하는 정신과도 관련이 있다고 말이지요.(프랭클이 1938년에 발표한 논문에서 '고도의 심리학 _Höhenpsychologie_'을 강조한 것도 연관이 있다고 그의 친구들은 말합니다)

나는 암벽 등반과 비행 외에도 넥타이와 안경테 디자인에 관심이 많습니다. 쇼윈도에 진열된 멋진 디자인의 넥타이들이 내 것이 아닌 것을 알면서도 아이쇼핑을 마음껏 즐기며 감탄을 아끼지 않죠. 안경테 사랑은 애호가 수준 이상입니다. 전 세계에서 가장 큰 안경테 제조 회사가 신제품을 출시하기 전에 나에게 디자인에 대한 자문을 구할 정도랍니다. 제 의견이 신제품 출시에 반영되는 건 즐거운 일입니다.

나는 마음껏 대담하게 취미 생활을 즐깁니다. 작곡도 즐깁니다. 내가 작곡한 〈비가〉는 오케스트라 연주로 공연되기도 했고(전문가의 편곡을 거치긴 했어요), 탱고 음악은 TV 방송에서 자주 사용되었죠.

수십 년 전에, 오슬로 비케르순드에 있는 정신병원까지 차를 타고 간 적이 있습니다. 그곳에서 며칠간 로고테라피 심포지엄

이 열릴 계획이었습니다. 심포지엄 개막식 때 소장에게 누가 나를 소개하는지 물었죠. 오슬로 대학 정신과 교수가 할 예정이라고 하더군요. 저는 처음 듣는 이름이라, 그 사람이 나에 대해 알고 있는지 물었습니다. 소장이 답했어요.

"그럼요. 박사님을 오래전부터 존경해왔다고 하더군요."

나는 갑자기 호기심이 생겼어요. 누군지 정말 궁금해지더군요. 잠시 후 그를 만났을 때 우리의 인연을 알게 되었죠. 그는 우리 아버지의 고향 매렌 포호르젤레츠의 유대인 교구장의 아들이었어요. 그는 소년 시절의 저를 기억하고 있었어요!

1차 세계대전 직후, 우리 가족은 그 마을에서 여름 휴가를 보냈어요. 형은 열세 살부터 열다섯 살까지의 청소년들을 모아서 연극 공연을 수차례 열었어요. 장소는 농가의 마당이었고, 커다란 드럼통 위에 널빤지를 올려서 무대를 만들었어요. 저도 배역을 맡았어요. 늙은 대머리 박사 역을 맡기도 하고, 네스트로이가 쓴 〈악령 룸파치바가분두스〉에 등장하는 크니림 역을 맡기도 했어요. 그 교수는 당시에 형들이 하는 연극을 재미있게 관람했는데, 특히 내가 크니림 역을 맡았던 공연을 보고 큰 감동을 받아서 그때부터 나를 존경해왔다는 거예요. 하지만 로고테라피에 대해선 하나도 아는 게 없더군요. 연극배우 프랭클이 존경의 대상이었던 거죠.

저는 드라마를 한 편 쓴 적도 있어요. 내 책『그럼에도 불구하고 삶에 대해 '예'라고 대답하라』의 초판 제목은 '한 심리학자의 강제수용소 체험 수기'였어요. 호주에 사는 한 신부님이 이 책을 희곡으로 각색해서 무대에 올라간 적이 있어요. 토론토에서 가장 큰 무대인 토론토 극장에서 내 강연이 열렸는데, 강연 직전에 그 희곡이 오프닝작으로 상연되었죠. 저는 강제수용소의 포로 역할을 맡은 배우로서 무대에 오르고, 해설자로도 등장했어요. 연극이 끝난 후에는 강연자로 다시 무대에 섰죠. 그날 무대에는 세 명의 빅터 프랭클이 올랐던 것입니다.

학창 시절

1차 세계대전 당시에 공무원들의 생활 수준은 매우 열악했습니다. 우리 가족은 아버지의 고향인 포호르젤레츠에 살았어요. 여름엔 아이들이 빵을 구걸하러 다녔고, 농작물을 서리해서 먹었어요. 나는 한겨울에도 새벽시장에 나가서 장사를 했어요. 새벽 3시부터 7시 30분까지 감자를 팔다가 어머니가 나오시면 맞교대를 하고 서둘러 학교로 뛰어갔죠.

1차 세계대전이 끝나고 2차 세계 대전이 일어나기 직전까지는 참으로 어수선한 시절이었습니다. 그래서 더욱 철학 서적에 빠져 있었는지도 모릅니다. 오스트발트Wilhelm Ostwald[7], 구스타프

---

7 독일의 과학자, 철학자(1853~1932).

페히너 Gustav Theodor Fechner [8]의 책을 읽으며 열심히 필사를 했지요. 필사 노트의 제목은 '우리, 그리고 사회화 과정'이었죠. 치열하게 읽고 생각하는 것을 멈추지 않았던 시기입니다. 도나우강으로 가족 여행을 떠났을 때 나는 한밤중에 갑판 위에 누워서 별이 반짝이는 하늘을 바라보며 감격했습니다. '나의 마음속에 타오르던 온갖 불꽃들이 꺼진 상태'를 바라보는 체험을 했기 때문입니다.

그 후에 나는 페히너가 말한 '밤에 본 것을 낮의 빛으로 보다'[9]라는 개념을 알게 되었고, 그 영향으로 프로이트의 '쾌락원리'에도 매력을 느끼면서 나 자신의 정신분석에 빠져들기도 했습니다. 고등학교 시절에도 프랭클만의 독자적인 공부를 지속했죠. 시민 대학에 가서 응용심리학, 경험심리학 강의를 들으며 심리학 공부에 빠져 있었답니다.

---

8 경험심리학의 주창자(1801~1887).
9 '밤에는 달이 보이지만 낮에는 태양 빛의 자극이 세기 때문에 달이 보이지 않는다'는 개념. 페히너는 자극과 감각의 강도 관계를 수량화하여 실험심리학 연구법을 확립했습니다.

정신분석 다루기

고등학생 시절 나의 논문 주제는 '정신분석'이었습니다. 나는 동기들을 대상으로 '정신분석'에 대해 강의하기를 멈추지 않았죠. 나는 프로이트의 직계 제자인 정신분석가 히치만과 쉴더의 영향을 받았어요. 야우레크(정신과 의사, 1927년 노벨 의학상 수상)의 지도를 받은 파울 쉴더의 정신의학 강의를 몇 년 동안 듣기도 했습니다. 프로이트와도 연결되어서 편지를 주고받기에 이르렀죠. 프로이트에게도 필요할 것이라는 생각이 들어서, 그동안 책을 읽고 정리한 방대한 자료들을 프로이트에게 보내기도 했습니다. 그는 나의 편지를 받을 때마다 곧바로 답신을 보내왔습니다. 그와 내가 3년 동안 나눈 서신들은 잘 간직하고 있었는데, 강제수용소에 있던 시절에 게슈타포들에게 압수당하고 말았죠. 나는 병원 관계자가 내게 선물한, 프로이트가 직접 작성한 환자 진료

기록지도 일부 가지고 있었는데, 게슈타포들은 그것마저 빼앗아 가버렸어요.

나는 프라터 공원 가로수 길을 걷는 것을 즐겼어요. 공원 벤치에 앉아서 학문적인 글을 쓰기도 했죠. 그런 글은 종종 프로이트에게 보내는 편지에 동봉해서 보내기도 했어요. 어느 날은 프로이트가 '너의 글을 『국제 정신분석학회지』에 싣고 싶으니 수락하길 바란다'는 답장을 보내와서 깜짝 놀라기도 했어요. 그때 내가 보낸 글이 나의 논문 「긍정과 부정에 대한 연구」의 초안이 되었지요. 1924년, 내 논문이 『국제 정신분석학회지』에 정식으로 실리게 됩니다.

나는 프로이트와 대립하기도 했지만, 프로이트에 대한 존경심을 가지고 있는 사람입니다. 내가 히브리 예루살렘 대학 설립을 추진하기 위해 오스트리아 지역 지부장으로 일하던 시절, 대학 건물 이름을 '지그문트 프로이트'로 하자고 제안하기도 했으니까요.

우리의 만남은 우연히 현실이 되었습니다. 의과대학생 시절이었죠.(그 당시 나는 알프레트 아들러의 지도를 받고 있던 시절이었습니다. 아들러는 나의 논문을 『국제 개인심리학회지』에 게재하라고 승인한 사람입니다) '빅터 프랭클'이라고 소개하자 프로이트는 바로 이렇게 말했죠.

"빅터 프랭클! 빈, 2구역, 체르닌가세 6번지, 25호!"

나는 놀랐지만 침착하게 답했죠.

"맞습니다!"

프로이트는 나의 주소까지 정확하게 외우고 있었습니다. 감격이었죠. 프로이트는 아들러와 아주 다른 인상이었어요. 프로이트 문서보관소를 운영하는 정신분석학자 아이슬러가 찾아와서 프로이트와의 인연과 일화에 대해 인터뷰하기도 했어요. 인터뷰 녹음 파일은 프로이트 문서보관소에 보관된다고 들었습니다.

장래희망-정신과 의사

고등학교 시절에 정신분석 영향을 많이 받은 나는 의사가 되겠다는 장래희망을 구체화하기 시작했습니다. 피부과 또는 산부인과 전문의가 될까 고민한 적도 있긴 합니다. 그때, 나의 친구 외스터라이허W. Oesterreicher가 내게 아주 중요한 질문을 던집니다.

"키르케고르의 명언을 모르나 보군. 너에게 해주고 싶은 말이 있어. '모든 인간은 자기 자신에게 실망하고 싶어 하지 않는다.' 괜히 엉뚱한 전공을 기웃거리지 마. 너는 정신의학에 깊은 관심과 재능이 있는 걸 이미 알고 있어. 자신의 재능에 솔직하게 순응해."

친구의 말은 내 인생에 결정적인 영향을 미쳤습니다. 타인의 말 한마디가 인생의 전환점이 될 수도 있다는 것을 체험했지요. 그때부터 나는 '정신과 의사로서 자아실현을 하겠다'는 확고한 신념을 갖게 되었습니다.

　사실 저는 만화가로서 재능도 있었습니다. 정신과 의사와 만
화가의 공통점이 있다면, 인간의 약점을 포착한다는 점입니다.
나는 정신과 의사, 심리치료사로서 직관적으로 파악할 수 있는
것이 있습니다. 바로 '현실의 어려움을 극복할 수 있는 가능성'
입니다. 비참한 상황을 극복하고, 고통 속에서 의미를 발견할 수
있습니다. 의미 없어 보이는 고통도 가치 있는 업적으로 바꾸는
가능성을 발견할 수 있습니다. 모든 일에는 의미가 있다고 확신
합니다. 로고테라피는 바로 이런 확신의 토대 위에서 체계화된
이론입니다.

　정신의학에 대한 욕구가 없다면 재능이 있어도 아무 소용이
없을 테지요. 정신과 의사에게 필요한 자격이 무엇인지, 정신과
의사가 되고 싶은 이유가 무엇인지 저 자신에게 묻고 또 물었습
니다. 미성숙한 사람들도 정신과 의사가 되고 싶다는 유혹에 빠
집니다. 아마도 정신의학이 타인을 지배하고 조종할 수 있는 '타
인에 대한 권력'을 가지고 있기 때문일 것입니다. 지식은 권력을
부여하니까요.

　최면술을 예로 들 수 있어요. 나는 청소년기에 최면술에 관심

이 있었습니다. 열다섯 살 즈음에 최면을 걸 수 있었어요. 『일상에서의 심리치료』라는 책에서 로트실트 병원 산부인과에서 마취 전문의로 근무하던 당시의 일화를 언급했었죠. 내 지도 교수인 플라이쉬만이 나에게 어려운 임무를 맡겼어요. 수술을 앞둔 고령의 환자가 있었는데, 마취를 할 수 없는 상황이었어요. 이 노인에게 최면을 걸어서 통증을 느끼지 않도록 하라는 것이 제게 주어진 임무였습니다. 놀랍게도 저의 최면 시도는 성공했고, 수술에 참여했던 의사들의 찬사가 쏟아졌죠. 하지만 내게 밀착해서 수술을 도왔던 간호사는 나를 몹시 원망했어요. 내 최면술에 영향을 받아서 수술 시간 내내 쏟아지는 잠을 참느라 곤욕을 치렀다는 겁니다. 내가 환자에게 낮은 목소리로 단조롭게 되풀이한 암시가 간호사까지 최면에 빠져들게 했기 때문이었어요.

마리아 테레지엔 슐뢰셀 병원에서 근무할 때는 이런 일이 있었어요. 게르스트만 교수가 심각한 불면증에 시달리는 남자 환자에게 최면을 걸어서 잠을 자게 해보라는 지시를 내렸죠. 늦은 밤, 2인 병실에 입원해 있는 그를 찾아가서 머리맡에 앉아 낮은 목소리로 주문을 외우기 시작했어요.

"당신은 지금 매우 편안합니다. 당신의 피로가 서서히 풀어지고 있습니다. 서서히 잠이 밀려옵니다. 편안한 호흡을 하고 있습니다. 걱정이 사라지고 잠이 밀려옵니다. 잠이 옵니다. 곧 잠이 듭니다……."

  30분 가까이 주문을 외우듯 반복했지요. 드디어 환자는 잠에
빠진 것 같았어요. 조용히 나오며 뒤돌아본 순간, 말똥말똥 눈을
뜨고 있는 그와 눈이 마주쳤어요. 정말 깜짝 놀랐죠. 나의 최면
술이 아무런 효과가 없었던 것입니다. 힘이 쫙 빠졌어요.

  다음 날 아침, 뜻밖의 감사 인사를 듣는 일이 생겼습니다. 그
와 함께 병실을 쓰는 다른 환자가 지난밤에 모처럼 깊은 잠을 푹
잤다며, 당신의 최면술을 시작하자마자 기적처럼 잠에 빠져들었
다는 찬사를 보내온 것이 아니겠어요? 엉뚱한 사람을 깊은 잠에
빠지게 한 사건이었죠. 내 최면술이 엉뚱한 사람에게 큰 효과를
발휘한 것이었어요.

  어쨌든 정신과 의사로서 나의 능력은 가끔 과대평가되기도
했던 것 같습니다. 최근에는 캐나다에 사는 어떤 여자분이 새벽
3시에 전화를 걸어왔어요. 대뜸 "내 목숨이 달린 문제를 상의
하고 싶으니, 국제 전화 비용을 수신자 부담으로 해줄 수 있나
요?"라고 묻는 것이었어요. 일면식도 없는 낯선 이의 황당한 요
구였지만, 편집증 환자인 것 같다는 생각이 들어서 우선 수락했
습니다.

  "저는 지금 CIA의 추적을 받고 있어요. 나를 도와줄 사람은
지구상에 프랭클 당신밖에 없어요. 당신은 그만한 힘이 있잖아

요. 내일 새벽 3시에 또 전화를 걸게요."

다음 날 새벽에도 전화가 왔고 나는 전화를 받았습니다. 이번에는 CIA와 관계된 비용을 제가 부담해달라는 요구를 하더군요. 저는 거부할 수밖에 없었습니다.

빅터 프랭클

의사의 영향력

───

권력은 도처에 있습니다. 1930년에 치르쿠스가세 김나지움에서 열린 시민 대학에서 '정신병의 발병 및 예방'이라는 주제의 강연을 한 적이 있습니다. 20명 가까운 사람들이 어둠이 밀려드는 강의실에 앉아 강의에 집중하고 있었죠. 우리는 전등을 켜지 않았다는 것도 잊고 있었습니다. 삶의 의미를 발견하는 것은 중요한 일이며, 모든 인생은 의미가 있다는 것을 열강하고 있었죠. 한 사람 한 사람이 모두 내 말에 집중하고 있었고, 내 말이 그들에게 깊은 깨달음을 주고 있다는 것이 온몸으로 느껴지는 강의였습니다. 청중은 도공의 손에서 빚어지는 도자기와 같다는 것을 느꼈습니다.

『탈무드』에 이런 구절이 나옵니다.

"한 영혼을 구원하는 사람은 온 세상을 구원하는 것과 같다."

저는 그 순간에 깨달았습니다.

'아, 내가 구원의 권력을 사용하고 있는 것이구나…….'

1930년, 나는 '암 로젠휘겔' 병원의 신경정신과에서 근무하게 되었습니다. 내가 맡은 환자 중에는 세계적인 동물학 박사의 딸이 있었어요. 중년 여성인 그녀는 심한 강박증 때문에 수년간 입원 치료를 받고 있었습니다. 해 질 무렵이면 나는 그녀를 찾아가서 대화를 시도했습니다. 그녀가 강박 행동에서 멀어지도록 다양한 시도를 했지요. 환자가 느끼는 고통에 공감하되, 환자가 두려워하는 것에 대해서는 반대의 근거를 제시했죠. 그녀는 서서히 안정을 되찾았고, 우울증도 많이 완화되었어요. 내가 이끄는 대로 환자가 순응할수록 증상은 나날이 좋아졌습니다. 그때 또 한 번 느꼈어요. 도공의 손안에 있는 도자기의 의미를.

철학적인 질문들

정신의학, 그중에서도 정신분석을 파고드는 동안 나는 철학에도 깊이 빠져 있었습니다. 열다섯 살 무렵이었어요. 시민 대학에는 철학 연구 모임이 있었는데 나는 아주 열심히 참여했죠. '삶의 의미'에 대한 제 생각을 정리해서 발표도 했어요. 제 화두는 이 것이었습니다.

"삶의 의미를 물어서는 안 된다. 나에게 발견되어 실현되길 기다리고 있는 '내 삶의 의미'를 적극적으로 찾아야 한다. 삶이 나에게 하는 질문에 대답을 해야 한다. 우리 존재를 스스로 책임질 때, 삶이 나에게 던지는 질문에 답할 수 있다."[10]

---

10 우리는 빅터 프랭클의 철학을 배움으로써, 삶에 대한 질문을 바꿀 수 있습니다. '삶이 나에게 기대하는 것은 무엇일까?' 내 인생에 주어진 초의미(super meaning)를 찾는다는 건 절박한 문제이

우리가 최종적으로 발견해야 하는 삶의 의미는 우리의 수용 능력을 넘어섭니다. 무엇보다 나를 초월하는 의미가 중요합니다. 우리는 의식하지 못하더라도 자기 초월의 욕구가 있고, 자기 초월의 의미를 가지고 있습니다. 우리는 나를 초월하는 의미를 믿어야 합니다.[11]

열여섯 살 그해, 햇살이 쏟아지는 오후, 타보르슈트라세를 산책하다가 나는 나 자신을 만났습니다. 그때 내 마음속에 고이 간직했던 문장을 떠올렸습니다.

'운명을 축복하자! 운명의 의미를 믿자!'

나에게 일어난 모든 일은 궁극적 의미, 초월적 의미가 있습니다. 우리는 그 의미를 다 알 수 없지만, 믿어야 합니다. 중요한 것

지요. 인간은 자신의 이상과 가치를 위해 살 수 있는 존재, 심지어 그것을 위해 죽을 수 있는 존재입니다. 우리에겐 '충족시켜야 할 의미, 실현해야 할 사명'이 반드시 주어져 있어요. 나에게 발견되어 실현되길 기다리고 있는 '내 삶의 의미'를 적극적으로 찾는 일! 얼마나 가슴 뛰는 일인가요! 모든 사람에게 '사명'이 있다는 걸 깨닫는 순간, 우리는 나의 삶뿐만 아니라 타인의 삶도 존중할 수 있게 됩니다. _이시형·박상미, 『내 삶의 의미는 무엇인가』

11 나라는 존재는, 내 생각보다 위대합니다. 나에게 발견되어 실현되기를 기다리는 '내 삶의 의미'는 내가 상상하는 그 이상일지도 모릅니다. 우리는 잠재되어 있는 삶의 의미를 실현해야 합니다. 진정한 삶의 의미는 인간의 내면이나 정신(psyche)에서 찾을 것이 아니라, 이 세상에서 구체적으로 찾아야 합니다. 자기 자신만의 것이 아닌 더 높고 넓은 곳을 지향해야 합니다. 타인을 위해 봉사하고 사랑을 나누는 실천을 하는 것은, 나 개인을 넘어서 타인과 더불어서 의미를 창조하는 것입니다. _이시형·박상미, 『내 삶의 의미는 무엇인가』

은 아모르 파티amor fati, '운명에 대한 사랑'입니다.[12]

---

12 삶은 막연한 것이 아니고, 현실적이고 구체적이지요. 피할 수 없는 시련이 내게 주어졌다면 나만
    이 수행할 수 있는 유일한 과제로 받아들여야 합니다. 아무리 괴로운 일이라 하더라도 내 삶에
    꼭 필요한 의미 있는 일입니다. 내 인생의 사명을 완수하는 데 꼭 필요하기 때문에 일어났다는
    사실을 겸허하게 받아들일 때, 내 삶이 바뀌고 로고테라피의 궁극적인 목표인 나와 타인 모두의
    행복에 이를 수 있습니다. 시련에 대한 릴케의 말은 우리에게 답을 줍니다. '완수해야 할 시련이
    얼마인고!' 오늘 내게 닥친 시련, 이것을 완수해낼 수 있는 사람은 바로 나, 이 세상에서 유일한
    한 사람이라는 사실을 잊어서는 안 됩니다. 누구도 나를 시련으로부터 구해낼 수 없고, 대신 고
    통을 짊어질 수도 없어요. 내 삶의 짐을 짊어지는 방식을 나 스스로 결정하는 것은, 나에게만 주
    어지는 기회입니다. 내 앞에 놓인 과제를 수행해나가기 위해 책임을 지는 것! 이것이 바로 로고
    테라피의 행동강령입니다. _이시형·박상미, 『내 삶의 의미는 무엇인가』

믿음

나는 평생 심리치료와 신학에 관심을 가졌습니다. 퀸켈(의사이자 심리치료사)의 말을 빌려 표현하자면, 영혼을 구하는 학문과 정신의학의 차이에 대한 연구입니다. 나는 종교와 관련된 주제에 대해 말할 때, 때로는 철학자로서, 때로는 의사로서, 때로는 평범한 인간으로서 각기 다른 견해를 밝혀왔습니다. 청중에 따라 신앙에 대한 입장은 차이가 났죠. 심리치료의 방법과 기술로서 로고테라피에 대해 언급할 때는, 정신의학을 전공한 의사들 앞에서 나의 개인적인 신앙 고백을 할 필요가 없습니다. 오히려 로고테라피를 전하는 데 걸림돌이 될 수도 있죠.

내가 쓴 책에서 순수한 우연에 대해 언급한 적이 있습니다. 고차원적이고 심오한 의미가 우연의 배후에 숨어 있을 수도 있

빅터 프랭클

다고 말했죠. 언젠가 빈에 있는 포티프 성당 앞을 걸었어요. 나는 순수 고딕 양식으로 지은 포티프 성당을 좋아했어요. 들어가 본 적은 없었지만, 그날은 파이프 오르간 소리가 어찌나 아름다운지 아내에게 들어가보자고 권했죠.

성당 안에 들어서자 오르간 연주는 끝나고 미사가 시작됐어요. 신부님은 베르크가세 19번지에 대해서, 신을 부정한 프로이트에 대해서 말했어요.

"베르크가세까지 갈 필요 없이, 우리 성당 근처인 마리안가세 1번지에 사는 빅터 프랭클에 대해 말할게요. 프랭클은 신을 부정하는『의료 성직자』라는 책을 쓴 사람이에요."

신부님이 비난하는 프랭클은 바로 나였어요. 미사가 끝나고 나는 신부님께 인사를 했어요. 내 이름을 들은 그가 기절할까 봐 걱정했지만, 다행히 기절은 하지 않았답니다. 신부님은 내가 그 미사에 참여했으리라고는 꿈에도 생각지 못했을 테지요. 우연이란 이런 것입니다. '내가 태어나서 포티프 성당에 들어오기까지, 미사에 참석하기까지, 신부님의 말씀을 듣기까지, 얼마나 많은 시간이 흘렀는가. 신부가 나에 대한 이야기를 하는 순간에, 내가 우연히 성당에 첫발을 들여놓을 확률은 몇 퍼센트일까?'

이런 우연을 마주했을 때, 우리는 우연에 대해서 설명하는 것을 포기하는 수밖에 없습니다. 이런 우연을 설명하기엔 나는 너무 어리석은 사람이고, 우연을 부정하기엔 너무 똑똑한 사람이기 때문이죠. 어쨌든 그 사건으로 인해 내가 신을 부정하는 사람이 아니라는 걸 증명한 셈이 되어버렸죠. '우연' 덕분에 말입니다.

나는 열다섯, 열여섯 즈음에 철학 공부를 하기 시작했습니다. 비록 미성숙했지만, 쇼펜하우어를 정신분석학 측면에서 연구한 고등학교 졸업 논문 「철학적인 사고의 심리학」을 쓸 때는 정신적으로 아픈 것이 비정상이라고 생각지 않는 수준에 이르렀습니다. 내 책에서도 언급했듯이, 2×2=4라는 사실은 조현병[13] 환자

---

13 이 책에서는 수차례 조현병에 대해 언급하기에 상세히 살펴보겠습니다. 정신질환 중 가장 치료가 어려우면서도 100명 중 1명이 걸리는 흔한 질병이 조현병(정신분열병)입니다. 10대 후반에서 20대에 시작하여 현실과 현실이 아닌 것을 구별하는 능력이 약화되는 뇌 질환이며, 학계에서는 뇌의 기질적 이상을 원인으로 보고 있습니다. 정신력이 약해서, 부모의 잘못된 양육 때문에, 악령 때문에 발병하는 것은 아닙니다. 조현병 환자에게 공통적으로 나타나는 증상이 망상, 환각, 비조직적인 언어와 행동입니다. 망상(delusion) 때문에 비정상적인 사고와 행동을 합니다. 가령 정보기관이나 외계인 등이 자신을 계속 감시하면서 괴롭힌다고 주장하며 주변인들을 의심하거나, 자신이 신의 딸 또는 메시아라고 믿고 행동하기도 합니다. 다양한 증상을 보이지만, 공통점은 자신의 마음을 조절하거나 통제하지 못한다는 것입니다. 또한 환각(hallucination)에 시달리는데, 환시와 환청 때문에 고통스러워합니다. '너를 죽일 테다', '저 사람을 죽여라', '지금 당장 죽어라', '옷을 벗고 걸어 다녀라' 등등 돌발적이고 반사회적인 행동을 부추기는 내용이 대부분입니다. 공공장소에서 성적인 행동을 하거나 점잖은 자리에서 주제에 맞지 않는 말을 나열하기도 하며, 괴성을 지르고, 기이한 표정을 짓는 등 '비조직적 언어와 행동'을 하는데, 이상한 자세로 몇 시간 동안 움직이지 않고 서 있어서 사람들을 놀라게 합니다. 반대로 정서나 행동이 아주 무감각해져 아무런 반응을 보이지 않는 경우도 있습니다.
불행히도 조현병의 원인은 완벽히 밝혀지지 않았으나, 뇌의 특정 부위에서 도파민이 활성화되면 증상이 나타납니다. 최근에는 도파민 외에 세로토닌 등 여러 신경 생화학적 변화가 상호 작용을 일으켜 복합적으로 발병한다고 추정합니다. 생물학적 소인의 상당 부분은 유전적 영향이 있을 것으로 추정하고 있습니다. 일반인이 조현병에 걸릴 가능성은 1%에 불과하지만, 부모나 형제 중 한 사람이 조현병 환자일 경우에는 5~10% 정도로 높아집니다. 부모 모두가 환자일 경우엔 40% 정도로 높아집니다. 하지만 부모가 조현병 환자여도 자녀는 조현병에 걸리지 않을 수도 있고, 가족 중에 조현병 환자가 없는데도 발병하는 사례도 있습니다. 조현병 자체가 유전된다기보다는,

가 주장하더라도 정답이기 때문입니다.

사회적인 유혹에도 심리적인 유혹이 개입합니다. 고등학교 시절 동안 나는 사회주의 노동청년단의 임원이었고, 1924년 오스트리아 사회주의 고등학생 단체의 회장이었습니다. 그때는 친구들과 함께 한밤중에 프라터 거리를 돌아다니며 마르크스와 레닌, 프로이트와 아들러에 대해 뜨거운 논쟁을 벌였던 시절입니다.

아들러가 출간하는 학술지에 내 논문이 실리기도 했습니다. 내 논문의 주제는 초지일관 '심리치료와 철학의 경계에 대한 연구', '심리치료의 의미와 가치에 대한 특별한 연구'였지요. 인생 전체를 이 연구에 매진한 사람이 바로 나였습니다. 나만큼 열정적으로 매달린 사람은 없을 거예요.

내가 평생 연구하고자 했던 것은 심리치료 분야에서 나타나는 심리주의를 극복하는 것이었습니다.[14]

쉽게 병에 걸릴 수 있는 소인이 유전되는 것으로 보이며, 환경적 요인이 더해지면서 조현병이 발병할 가능성이 높아지는 것 같습니다.

[14] 심리주의는 철학적인 문제를 고찰할 때, 심리학을 기반으로 합니다. 심리학의 효과를 과장하여 지식 문제, 도덕 문제에 있어서도 개인의 주관적인 심리적 문제만 중요시하며 심리학의 관점에서만 생각하려는 경향을 말합니다.
냉소주의가 심리치료 분야에도 확산되면서 희생자들이 생겨났습니다. 심리치료가 사람 중심이 아닌, 비인간적인 학파 간의 싸움으로 변질되었기 때문입니다. 프랭클은 이처럼 정신요법으로 인해 피해를 입은 사람들을 생각하며 마음 아파했습니다. 그의 연구는 언제나 '사람 중심'이었고, 사람 중심이 아닌 연구에 반대하였습니다.

개인심리학과의 만남

이제 아들러와의 만남에 대해 말할 때가 되었군요. 1925년, 아들러의 『국제 개인심리학회지』에 내 논문 「심리치료와 세계관」이 게재되었어요. 1926년에는 뒤셀도르프에서 개최된 개인심리학회의 국제학술대회에서 핵심 연구와 기본 연구에 대한 발표를 했죠.(그 당시 나는 학회의 정통 이론을 반박했습니다. 우리 삶에서 흔히 나타나는 노이로제가 '타협 성격' 이론의 입장에서 '목적을 위한 수단'이라는 주장을 반박한 것이었어요. 노이로제를 단순한 '수단'의 의미가 아니라 '표현'의 의미로 해석해야 한다고 주장한 거지요)[15] 나의 첫 강연 여행은 이렇게 시작되었습니다. 프랑크푸르트에서 출발하여 베를린을 거쳐서 돌아오는 여정이었습니다. 스물한 살

---

[15] 개인심리학은 사고, 감정, 혹은 행동의 심리적 과정 모두 마음속에 일관성 있는 어떤 목적이 있다고 봅니다. 그래서 설명하기 어려운 행동들, 노이로제의 경우도 무의식적 목적을 가지고 있다는 입장입니다. 하지만 프랭클은 '목적'보다는 '표현'으로 해석해야 한다는 주장을 펼칩니다.

의대생인 프랭클이 사회주의 청년노동자협의회의 초청을 받아서 '삶의 의미'에 대한 강연을 했다는 것은, 저도 믿기 힘들 정도의 파격적인 일이었어요. 청소년 단체들은 내 특강을 듣기 위해서 행군하듯 줄지어 강연장으로 몰려왔습니다. 마지막 강연지가 베를린이었습니다. 개인심리학회에서 또 한 번 강연을 했어요.

1927년, 아들러와 나의 주장은 본격적으로 대립하기 시작합니다. 나는 유명한 개인심리학자인 알러스Rudolf Allers와 슈바르츠Oswald Schwarz의 매력에 빠져 있었습니다. 저는 두 사람의 영향을 많이 받았습니다. 알러스가 지도하는 생리학 연구실에서 연구를 하기 시작했습니다. 심신상관의학[16]과 의료 인류학의 창시자였던 슈바르츠는 개인심리학에 대해 저술한 나의 책에 추천사를 써주기도 했습니다.

'철학사에서 칸트의 순수이성비판이 중요하듯, 프랭클의 책은 심리치료의 역사상 매우 중요하다고 확신한다.'

영광스러운 평가였지요. 하지만 안타깝게도 이 책은 정식 출판되지는 못했어요. 내가 개인심리학회에서 제명을 당했기 때문

---

16 '심신상관의학'은 마음과 몸이 서로 긴밀한 관계를 맺고 있다고 봅니다. 일상생활에서 지나친 스트레스가 지속되면 신체의 증상이 야기된다는 것입니다. 심신의학적 연구에서는 마음, 정신과 신경계, 내분비계가 서로 밀접하게 관련해 신체의 다양한 부위에 반응이 생긴다고 확신합니다.

이었죠. 다행히 1939년『스위스 의학 주간지』에 요약본이 게재되기는 했습니다.

이 시기에 나는 철학자 셸러에게 반해서 그의 책『윤리학에서의 형식주의』를 성경처럼 정독했습니다. 아들러 추종자들 중에서 현명한 보헤미안이었던 노이어는 내가 쓴 논문을 읽고, 빈에서 열리는 작가 모임에 나를 초대했습니다. 그는 게슈탈트 심리학을 창시한 학자들에 비해 내가 우위에 있다는 걸 인정하는 듯하더니, 결론적으로는 나를 비판하기 시작했습니다. '정신적 배신자'라는 것이었죠. 나는 더 이상 그들과 같은 길을 갈 수 없게 되었습니다. 그들의 의견에 타협할 수 없었기 때문이죠.

1927년, 내가 존경하는 알러스와 슈바르츠는 개인심리학회(코람 푸블리코)의 탈퇴를 선언했습니다. 장소는 빈 대학의 역사연구소였습니다. 그날의 광경은 아들러가 프로이트의 빈 정신분석학회를 탈퇴하던 당시의 분위기와 흡사했습니다. 프로이트를 추종하는 몇몇 정신분석학자들은 '그럴 줄 알았다'는 듯 통쾌한 표정을 지으며 팔짱을 낀 채 앉아 있었죠. 아들러는 적대 관계에 있는 정신분석학자들이 개인심리학회에 참여하는 것에 불편한 기색이 역력했습니다.

알러스와 슈바르츠가 탈퇴 연설을 마치자 강당은 긴장감과 침묵으로 가득했습니다. 아들러가 어떻게 반응할지 모두가 궁금해했지만, 아들러는 침묵을 지키더군요. 아들러와 여학생 한 명, 그리고 내가 맨 첫 줄에 함께 앉아 있었는데, 그 여학생도 아들러의 이론에 비판적인 입장을 가진 사람이었죠. 아들러는 우리를 향해 고개를 돌리더니, 약간 비웃는 표정으로 이렇게 말했습니다.

"자네들도 당당하게 입장을 밝혀보지 그래?"

나는 개인심리학이 심리주의의 단계를 어디까지 뛰어넘을 수 있을지에 대해 설명했습니다. 독자적인 힘으로 뛰어넘을 수 있다고 생각했기에 나는 학회를 탈퇴할 이유가 없다고 생각했습니다. 하지만, 설명하는 중에 나도 모르는 사이 큰 실수를 저질러서 아들러의 얼굴이 완전히 굳어버리고 말았죠. 아들러 앞에서 슈바르츠를 지칭할 때, '나의 스승 슈바르츠'라고 표현해버린 거였어요. 탈퇴 연설을 마친 이를 '나의 스승'이라고 표현해버렸으니 알러스와 슈바르츠, 그리고 아들러 사이에서 갈등을 중재하려던 나의 노력은 소용없는 일이 되어버렸죠. 그 후로 아들러는 나와 한마디도 하지 않았습니다.

그 후로도 나는 저녁마다 아들러의 아지트인 카페 질러를 찾아갔어요. 아들러가 앉아 있는 테이블에 다가가서 정중하게 인사를 했고요. 하지만 아들러는 한 번도 내 인사를 받아주지 않았습니다. 아들러는 알러스와 슈바르츠가 자신의 이론을 반박할 때 자신의 편을 들어주지 않은 나를 끝내 용서하지 못하는 것 같았습니다. 나는 개인심리학회를 탈퇴할 생각이 없었고, 그럴 이유도 없다고 생각했지만, 그는 내가 학회를 탈퇴하기를 요구했습니다. 나는 어쩔 수 없이 개인심리학회를 공식 탈퇴할 수밖에 없었습니다.

나는 이 사건을 통해서 많은 의미를 발견할 수 있었습니다. 일 년 동안 나는 개인심리학 계간지 『일상에서의 인간』을 발행하고 있었는데, 자연스럽게 폐간할 수밖에 없었지요. 그리고 개인심리학 분야에서 나의 입지를 잃어버리고 말았습니다. 몇몇 개인주의 심리학자들과는 학술적 영역이 아닌 사적 영역에서 인간관계를 유지할 수 있었죠. 벡스베르크, 드라이쿠어스, 아들러의 딸 알렉산드라에 대한 고마움은 지금도 간직하고 있습니다.

로고테라피를 '아들러의 추종자가 만든 심리학'이며, 독자적인 연구가 아니라고 부정하는 사람들이 있습니다. 그런 비난을 들으면 나는 이렇게 대응합니다.

"로고테라피가 개인심리학에 속하는지, 아닌지를 판단할 수 있는 권한이 누구에게 있습니까? 아들러 외에는 없습니다. 나를 개인심리학회에서 퇴출한 사람이 바로 아들러입니다. 논쟁할 가치가 없는 논쟁입니다."

로고테라피의 시작

─────

그 후 나는 비텔스, 질버만과 함께 '의료심리학회'를 창립하고 부회장직을 맡았습니다. 질버만이 회장을 맡았고, 그 뒤를 레트리히, 호프슈테터가 이었습니다. 프로이트와 쉴더가 고문을 맡았죠. 1926년, 학회의 연구 모임에서 로고테라피에 대한 논문을 발표한 것이 공식적인 학술 단체에 로고테라피를 알린 첫 시작이었습니다.('실존 분석'이라는 명칭은 1933년에 사용하기 시작했습니다) 이 시기에 나의 철학이 체계화되었다고 할 수 있어요.

'삶의 의미를 찾는 세 가지 가치'에 대해 구상한 것은 1929년이었습니다. 삶의 의미는 우리가 숨 쉬는 마지막 순간까지 발견해야 하는 것이지요. 내가 피할 수 없는 운명 때문에 고통받고 있다 하더라도, '고통을 인간의 업적'으로 승화시키면서 삶의 의

미를 쟁취할 수 있는 것입니다.[17]

　주세크는 로고테라피를 제3 빈 학파라고 불렀던 사람입니다. '개체가 발생할 때는 조상이 거쳐온 경과를 간략하게 되풀이한다'는 헤겔의 '생물 발생설'의 기본 원리가 로고테라피의 발생에도 적용되었죠. 내가 빈 심리치료의 두 학파를 거쳐왔기 때문입니다. 1924년에 프로이트가 중심이 된 『국제 정신분석학회지』에 나의 논문을 게재했고, 1925년엔 아들러가 발행하는 학술지에도 논문을 게재했죠. 나는 논문을 통해서 심리치료의 전개 과정에 참여했으며, 각 단계를 거치며 로고테라피 심리치료가 탄생하기 시작했다고 할 수 있습니다.

17　로고테라피가 안내하는 '삶의 의미 찾는 법'
　① 창조가치 : 무엇인가를 창조하거나 어떤 일을 함으로써
　　일, 육아, 교육, 예술 활동이나 학문, 사업이나 봉사활동에 몰두함으로써 로고스를 각성시켜 생명 에너지를 충족시키는 것입니다. 나는 창조가치를 실현하기 위해서 무엇을 하고 있는지, 무엇을 하고 싶은지 생각해보세요.
　② 체험가치 : 어떤 일을 경험하거나 어떤 사람을 만남으로써
　　• 어떤 일을 경험함으로써
　　　ㅡ어떤 일을 경험함으로써 그의 기쁨이 곧 나의 기쁨이 된다면, 아름다운 체험가치를 경험하는 것입니다.
　　• 어떤 사람을 만남으로써
　　　ㅡ다른 사람을 유일한 존재로 사랑함으로써 생명 에너지를 채울 수 있습니다.
　　　ㅡ나를 진정으로 필요로 하는 사람은 누구인가요?
　　　ㅡ그 누군가를 위해 나는 무엇을 할 수 있나요?
　③ 태도가치 : 피할 수 없는 시련에 대해 어떤 태도를 취하기로 결정함으로써
　　나의 운명, 고뇌에 대해 좋은 태도를 선택함으로써 얻는 의미입니다. 죽음을 눈앞에 둔 상황에서도 타인을 배려하는 태도입니다. 아무리 괴롭고 힘든 상황에 처해 있더라도, 모범적이고 고결한 행위를 실천할 수 있다는 것입니다.

그중 하나가 '역설의도기법'입니다. 1929년에 역설의도기법에 대한 임상 실험을 했고, 1939년에는 책을 출판하기도 했습니다. 행동장애요법 전문가들은 프랭클의 역설의도기법이 1960년대의 학습 이론에서 실시한 치료 방법보다 20년 앞선 획기적인 치료 기법이었다고 강조했습니다. 1947년, 나의 책 『임상에서의 심리치료』에서는 '성기능 장애요법'에 대해 상세히 기술했어요.[18]

---

18 예기 불안(anticipatory anxiety)이라는 말이 있습니다. 두려움을 느끼고 있으면 바로 그 증상이 나타난다는 겁니다. '공포는 사건의 어머니'라고 하지요. '사람들 앞에 서면 너무 떨리고 말이 안 나오는데 어떡하지?' 두려움을 느끼는 순간, 실제로 말문이 막히고 앞이 하얗게 변하는 겁니다. 한 마디도 못 하게 되죠. 무엇이 증상을 불러온 걸까요? 강한 욕구 때문입니다. '안 떨고 잘하고 싶다'는 강한 욕구가 오히려 '예기 불안'을 가중시킨 거랍니다. 역설의도(paradoxical intention)기법이 이럴 때 도움이 됩니다. 두려움을 느끼고 있으면 바로 그 증상이 정말로 나타나고, 지나친 주의 집중이 오히려 일을 망칩니다. 공포증을 가진 사람이 자신이 무엇을 두려워하는지 정확히 파악해야 합니다. 예를 들어 발표 공포증이 있는 사람이라면 이렇게 노력해보는 것입니다.
"오늘 내가 얼마나 심하게 말을 많이 더듬고, 얼굴은 새빨간 홍당무가 되는지 보여주겠어!"
역설의도기법을 쓰면 단 하루 만에 불안과 공포로부터 벗어나는 사람도 있습니다. 이런 마음가짐으로 사람들 앞에 섰더니, 오히려 떨고 말을 더듬으려고 해도 되지 않더라는 것입니다.
강박증을 가진 사람 또한 마찬가지입니다. 강박증이란 나의 의지와 무관하게 어떤 생각이나 장면이 떠올라 불안해지고 그 불안을 없애기 위해서 특정 행동을 반복하게 되는 증상입니다. 예를 들면, 차 문을 잠그고 돌아서서 몇 걸음 가다가 문을 제대로 잠그지 않았다는 불안한 생각이 들어 다시 가서 확인을 보는 행동을 수차례, 심하면 수십 차례 반복적으로 하는 증상을 들 수 있어요.
강박 증세가 공포를 낳고 공포는 강박을 더욱 강화시킵니다. 강박증이 심해지면 본인이 정신병에 걸렸거나 곧 정신병에 걸리게 될 거라고 생각해서 두려움이 더 증폭됩니다. 하지만 강박증이 정신병으로 발전할 가능성은 거의 없고, 오히려 막아준다고 합니다. 강박증이 심한 사람에게도 역설의도를 적용할 수 있습니다. 가스불을 안 끄고 외출하려고, 차 문을 안 잠그고 귀가하려고, 가방을 분실하려고 애를 써보세요.
'문 안 잠그고 다니는 게 내 특기야. 난 문 안 잠그는 끝판 왕이라구!'
불면증도 마찬가지입니다. 잠을 자려고 자려고 애쓸수록 잠은 달아나지 않던가요? 오히려 잠을 안 자려고 노력해보세요.
'내가 잠을 안 자고 며칠까지 버틸 수 있는지 보여주겠어! 나는 잠 못 자는 선수라구!'
잠을 자지 않겠다는 역설의도로 바꾸어줄 때 오히려 잠이 옵니다.
성기능 장애 또한 마찬가지입니다. 너무 강한 욕구가 일을 망치는 경우도 많아요. 과도한 의도, 즉 과잉 욕구(Hyper-Intention)가 문제인 경우예요. 예를 들어서 남성의 경우, '내가 사랑하는 연인과 오늘 하는 섹스에서 나의 정력을 보여주고 상대를 오르가슴에 이르게 하고 싶다.' 정력을 나는 로고테라피의 행동장애요법에 대해 자부심을 가지고 있습니다. 정신분석학파와 개인심리학파가 서로 싸우고 있을 때 '제3 빈 학파'는 웃고 있었다고 표현하고 싶습니다.

로고테라피는 다른 학파를 비웃거나 비난하지 않습니다. 우리가 갈 길을 묵묵히 갈 뿐입니다. 그것만으로도 의미 있고 기쁜 일입니다.

로고테라피를 높게 평가해준 심리학자들이 많습니다. 미국의 심리학자 올포트는 나의 책 『인간의 의미 추구Man's Search for Meaning』의 서문을 써주었는데, 로고테라피를 이렇게 표현했습니다.

"로고테라피는 이 시대에 가장 의미 있는 심리 운동이다."

토렐로는 '심리치료의 역사에서 가장 효과적인 시스템'이라고 로고테라피를 설명했고요.

과시하는 데 목적을 둘수록 오히려 상대를 오르가슴에 이르게 할 수 없더라는 것입니다. 사랑하는 상대편에게 내 몸을 맡김으로써 의도하지 않은 결과로 오르가슴을 얻어야 하는데, 오르가슴을 체험하는 자체에 집중하는 과잉 의도는 오르가슴을 느끼는 데 장애물이 되고, 오히려 불감증을 일으킨다고 합니다.

불감증에 대한 로고테라피의 치료는 과잉 욕구를 버리는 연습부터 시작합니다. 내가 사랑하는 대상에게 몸을 맡기고, '오르가슴을 느끼고 싶다' 혹은 '상대를 오르가슴에 이르게 하고 싶다'는 욕구 자체를 버리고 편안해질 때, 자연스러운 부산물로 오르가슴을 얻을 수 있다는 겁니다. _이시형·박상미, 『내 삶의 의미는 무엇인가』

빅터 프랭클

나는 헝가리의 심리학자 존디의 '운명 분석'[19]을 높게 평가합니다. 로고테라피는 '운명 분석'과 함께 고차원적인 시스템이라고 말하고 싶습니다. 토렐로는 저를 현대인이 앓는 시대의 병인 '무의미', '실존적 공허'를 치료하기 시작한 심리학자로 정신의학사에 획을 그은 사람이라고 평가했습니다. 과찬이지만, 로고테라피의 의미를 잘 파악해준 것에 감사합니다.

정신적으로 고통받는 사람뿐만 아니라, 정신요법으로 인해 피해를 입은 사람들을 생각하면 늘 마음이 아픕니다. 냉소주의가 심리치료 분야에도 확산되면서 희생자들이 생겨났습니다. 심리치료가 사람 중심이 아닌, 비인간적인 학파 간의 싸움으로 변질되었기 때문입니다. 내 연구의 시작과 끝은 언제나 '사람 중심'입니다. 나는 사람 중심이 아닌 연구를 반대합니다.

로고테라피를 연구하는 심리학자들이 개발한 기법 중에 대표적인 것이 '역설의도기법'이며, 그다음은 '공통분모기법'입니다. 유명한 오스트리아 작가 아이힝거가 의대생 시절에 상담을 하러 온 적이 있습니다. 그녀는 현재 소설을 쓰고 있는데, 그것이

---

19 '운명 분석'은 존디(L. Szondi)가 시작한 것으로 프로이트(S. Freud)의 정신분석, 융(C.G. Jung)의 분석적 심리학과 함께 심층심리학설로 불립니다. 인간에겐 '필연 운명'이라는 게 있어요. 유전 환경 등의 제약을 말하죠. 그 가운데서도 자아의 선택에 의해 자유로운 최선의 길을 선택할 수 있는 존재가 인간이라는 것을 주장하며 '선택 운명'을 강조합니다. 미래에 대한 기대를 가지고 자신의 운명을 개척하는 로고테라피와 통하는 부분이 많습니다.

너무나 흥미로워서 푹 빠져 있다는 것이었어요. 하지만 의학 공부에 지장이 될까 봐 고민에 빠져 있었습니다. 소설을 계속 써야 할지, 학업을 잠시 중단해야 할지, 학업을 위해서 소설 쓰기를 중단해야 할지를 고민 중이었죠.

소설을 쓰고 싶다. 학업을 중단하고 쓸까. 학업을 마치고 쓸까.

목적의 공통분모는 '소설을 쓴다'이고, 고민의 공통분모는 '지금 학업을 중단하면 어떤 문제가 생기나?'였죠. 우리는 그 공통분모에 대해 깊게 대화했고, 아이힝거가 공통분모에 대해 답하는 과정에서 소설을 중단할 게 아니라 학업을 중단하고 소설을 완성하는 것이 더 의미 있다는 걸 발견하게 됩니다. 결과는 어찌 되었냐고요? 아이힝거는 그 소설로 베스트셀러 작가가 되었답니다.

빅터 프랭클

이론과 실천-청소년 상담소

개인심리학회를 탈퇴한 후, 나의 관심은 이론에서 적극적인 실천 지향으로 전환했습니다. 실천의 시작은 청소년 상담소를 연 것입니다. 빈에서 시작하여 오스트리아의 6개 도시에 청소년 상담소를 열었지요. 심리학자 아이히호른, 벡스베르크, 드라이쿠어스를 명예 상담사로 모셨고, 유명한 독일의 심리학자 뷜러는 '상담이 꼭 필요한 학생은 우리 집으로 보내도 좋다'고 허락해주었어요.

청소년 상담소가 활발히 운영된 이후, 빈에서 자살한 학생은 한 명도 없었습니다. 공식적인 발표가 나고 증명서까지 받게 되자 외국에서도 관심을 가졌고 강연 요청이 쇄도하기 시작했죠. 나는 특별 캠페인을 준비했습니다. 청소년 상담에 관심이 많은 오스트리아의 정신분석가 라이히와는 많은 대화를 나누었습니다. 라이히는 청소년 성 문제에 대해 의논하기 위해 나를 차에 태우고 베를린 시내를 몇 시간씩 돌아다니기도 했어요. 프라하에서는 정신과 의사 푀츨과 함께 밤새 청소년 상담에 대해 대화를 나누었죠. 푀츨은 너무나 자상한 나의 친구였습니다.

프로이트와 아들러 외에 천재를 꼽으라면 내 친구 푀츨이라고 자신 있게 답할 수 있습니다. 그는 늘 무엇인가에 집중하고 있었죠. 덕분에 천재 푀츨은 실수의 천재가 되기도 했어요. 하루는 그가 병원으로 찾아와서 내 진료실로 안내했죠. 그는 늘 가지고 다니는 우산을 옷걸이 옆에 세워두고 한참 얘기를 나눈 후에 작별 인사를 하고 내 방을 나갔어요. 몇 분 후에 푀츨은 깜박하고 우산을 두고 갔다며 다시 내 방으로 돌아왔습니다. 우리는 한 번 더 인사를 나누고 헤어졌어요. 그런데 잠시 후, 그의 우산은 그대로 있고 내 우산이 사라졌다는 걸 알았어요.

"푀츨 교수님! 제 우산 돌려주세요!"

그는 다시 돌아와서 멋쩍게 웃으며 말했어요.

"이번이 마지막 인사예요. 잘 지내요!"

푀츨은 자신의 우산을 가지고 나갔어요. 그를 보내고 내 자리에 앉은 순간, 나는 우리의 인사가 마지막이 아니라는 걸 알았어요. 이번엔 내 우산, 본인 우산을 둘 다 가지고 나갔더군요.

"푀츨, 돌아와요! 내 우산을 돌려주고 본인 걸 가지고 가셔야죠!"

퇴츨은 웃으며 돌아와서 "이젠 정말 갈게요!"라고 외치고 내 방에서 나갔습니다. 천재도 실수를 좀 저질러야 사람 냄새가 나는 법!

나는 독일 청소년 보호협회의 초청을 받아 브륀에서 강의를 한 적이 있습니다. 사실 나의 아버지도 수십 년 동안 청소년 보호 분야에서 일을 하셨습니다. 이 협회와 함께 말이죠. 이제는 내가 그 일을 하게 되었다니, 가슴이 뭉클해졌습니다. 아버지는 배른라이터 장관과 함께 어린이와 청소년 보호를 위한 재단을 설립하고 활동하셨습니다. 청소년기에는 아버지가 작성한 청소년 관련 자료들을 보면서 세상에서 가장 재미없는 일이라고 생각했어요. 그랬던 내가 청소년 상담을 하고, 청소년들을 살리는 일에 앞장서고 있다니! 운명이라는 생각이 듭니다.

나는 사회주의 노동자 청소년 단체에서도 정기적으로 강연을 했고, 편지 상담도 마다하지 않았답니다. 나에게 상담을 원하는 수많은 청소년과의 만남을 통해서 청소년 상담을 확산시키는 귀한 일에 헌신했습니다.

퇴츨은 나의 활동을 높게 평가해서, 아직 박사 학위를 받지 못한 의대생 신분의 나에게 중요한 일을 맡기기도 했습니다. '프랭클이 환자들의 심리치료를 독자적으로 할 수 있도록 맡기라'는 것이었죠. 병원 입장에서는 퇴츨의 명령이 아주 예외적이고 파격적인 사례였을 것입니다.

나는 정신분석과 개인심리학에서 공부한 것을 모두 잊고, 오로지 환자를 통해 배우고, 환자의 말에 귀 기울이려고 애썼습니다. 나는 환자의 태도가 어떻게 변화할 때 상태가 좋아지는지 관찰하려 노력했습니다.

오로지 환자에게 집중했으므로 그들이 나에게 한 말은 한마디도 놓치지 않고 기억하지만, 내가 환자에게 해준 좋은 말들은 기억하지 못하는 경우가 다반사였습니다. 노이로제 증상이 갑자기 사라진 환자들에게 내가 깜짝 놀라면서 비결을 물어보면, '선생님께서 역설의도기법을 알려주셨잖아요! 그대로 실천했을 뿐이에요!'라는 답을 듣기 일쑤였죠.

나는 나의 환자들이 역설의도기법을 얼마나 효과적으로 실천했는지 대화하고 기록했습니다. 사실 내가 '역설의도기법'이라는 용어를 쓴 것은 시간이 많이 지난 뒤였습니다. 1939년,『스위스 신경정신의학회보』에서 처음으로 역설의도기법이라는 용어를 공식적으로 사용했습니다. 노이로제 증상을 고치기 위해서 개발한 독특한 치료기법인 역설의도기법을 두고 많은 질문이 쏟아졌습니다. '기발한 착상을 어떻게 하게 되었느냐'가 핵심이었죠. 환자에게 집중하다 보니 떠오른 것이었어요.

의사의 삶–수련 기간

의학 박사 학위를 받은 뒤, 나는 대학병원 정신과의 푀츨 교수 밑에서 본격적으로 진료를 시작했습니다. 그다음에는 신경학 실습을 위해서 2년간 게르스트만Joseph Gerstmann의 지도를 받았고요. 수련 기간의 마지막 4년은 '암 슈타인호프' 정신병원에서 이른바 '자살 기도 환자'의 책임자로 일했습니다. 제가 마주한 환자 수가 일 년에 3,000명 정도 되더군요. 저도 놀랐어요. 이런 수련 과정을 거치면서 환자의 증상을 관찰하고, 예리한 진단을 내리는 실력을 갖추게 되었습니다.

슈타인호프에서 근무하는 동안 '급성 조현병 발작으로 인해 나타나는 추미근 반응Corrugatorhänomen(눈썹을 중심 쪽으로 모아 미간에 주름을 만드는 것)'에 대해 관심을 가지게 되었어요. 빈 정신과 학회에서 추미근 반응을 주제로 강연하면서 환자들을 관찰한 영상을 상영했죠. 환자들의 증상과 표정 하나에도 깊은 관심을 가지고 관찰한 결과를 발표했다는 점에서 의미 있었다고 생각합니다.

슈타인호프에서의 생활은 정말 힘들었어요. 밤에도 정신병 환자들과 씨름하는 꿈에 시달려야 했으니까요. 나의 상관이었던 파블리츠키는 저에게 경고했어요. '환자 병동에 갈 때는 안경을 벗어라. 언제 주먹이 날아올지 모른다. 안경알이 산산조각 나서 유리 파편이 얼굴에 박혀도 보상 받을 길은 없다.'

저는 상관의 말을 명심하고 안경을 벗은 채로 환자 병동에 들어갔어요. 하지만, 눈에 보이는 게 없으니 나를 향해 날아오는 주먹이 안 보여서 크게 한 대 얻어맞고 말았지요. 상관의 말을 너무 잘 들은 게 문제였죠. 다음 날부터는 안경을 쓰고 폐쇄 병동에 들어갔어요. 그날도 나를 향해 주먹이 날아왔지만, 잽싸게 피할 수 있었어요. 안경 덕분에 말이지요. 나만의 노하우가 생기기 시작한 거예요.

슈타인호프에서 4년을 보내는 동안, 환자들이 말하는 우스운 얘기들을 찰떡같이 알아듣는 재주가 생겼어요. 덕분에 『그리고 바보는 진실을 얘기한다』라는 책을 쓸 수 있었죠. 순진무구한 아이들이 그러하듯, 바보들 역시 진실을 이야기하죠. 여기서 바보는 내 환자들을 비하하는 표현이 아니에요.

한 할머니 환자의 지능 테스트를 하게 되었을 때, 나는 전형적인 질문 하나를 던집니다.

"어린이와 난쟁이의 공통점은 뭔가요?"

"박사님, 어린이는 그저 어린이고, 난쟁이는 탄광에서 일을 하잖아요."

바보 같은 답이라고 할 수 있겠지만, 삶의 경험에서 알게 된, 얼마나 진실한 대답인가! 환자들과 대화하다 보면 아주 우스운 답을 들을 때도 많습니다. 예를 들면 이런 경우예요.

"성관계를 하나요?"

"아니요."

"한 번도 못 해봤나요?"

"에이, 어릴 땐 해봤죠."

또 다른 사람은 이렇게 답하기도 해요.

"성관계를 하나요?"

"세상에, 그 좋은 경험을 안 하는 사람도 있나요? 내가 강간을 당했다면 여기에 오지도 못하고 죽었을걸요!"

내가 책 제목을 『그리고 바보는 진실을 얘기한다』라고 지은 이유는, 심리치료 속의 심리주의와 싸우면서 '아픈 것은 결코 비정상적인 것이 아니다'라는 걸 강조하고 싶었기 때문이에요. 사람들이 '비정상이다, 미쳤다, 바보다'라고 규정하는 그들의 말을 잘 들어보면 진실인 경우가 많아요.

나는 이것을 '로고 이론Logotheorie'이라고 부릅니다. 로고테라피는 모든 것을 병리학적인 것으로 환원시키는 것과 맞서서 환자의 편에 설 것을 선포합니다. 저는 묻고 싶습니다.

'정신병 환자가 주장한다고 해서 다 틀린 말은 아니다. 그들이 2×2＝4라고 말하면 그것은 진실인가, 거짓인가?'

정신병 환자도 2×2＝4라는 진실을 말할 때가 많습니다.

1937년에 나는 드디어 신경정신과 병원을 개원합니다. 병원과 집이 한 건물에 있었어요. 개원 초기에 만난 환자 한 명을 잊지 못합니다. 진료실은 체르닌가세 5층에 있었고, 부모님과 형제들은 휴가를 떠난 탓에 나 혼자 병원에 남아 있었죠. 그날은 덩치가 아주 큰 조현병 환자와 상담이 있었는데, 5층 큰 창가에 앉아서 그와 대화를 하던 중이었어요. 창은 열려 있었고, 창틀이 매우 낮았어요. 대화 중에 그가 갑자기 발작을 하면서 나를 창밖으로 집어 던질 기세로 달려들었죠. 힘으론 막아낼 가능성이 없었어요. 생명의 위협을 느끼는 공포심이 밀려왔지만, 나는 침착하게 슬픈 표정을 하고 그에게 이렇게 말했어요.

"잠깐만, 내 말을 들어봐요. 나는 지금 가슴이 너무 아파요. 당신은 지금 나와 결별을 선언하는군요. 이게 당신이 원하는 건가요? 내가 떨어져 죽는 게 당신을 돕는 거라면 기꺼이 협조하겠어요. 하지만 가슴이 너무 아프군요. 당신이 나를 적으로 생각하는 줄 나는 정말 몰랐어요."

내 표정을 유심히 들여다보던 그는 힘을 빼고 나에게서 떨어졌어요. 내가 힘이 아닌 말로 그를 제압하는 데 성공한 것이죠. 그는 적이 자신을 죽이려 한다는 망상에 빠져 있었고, 그날은 나를 적으로 인식한 것이었죠. 나는 그를 설득했어요.

"당신을 괴롭히는 적을 피합시다. 당신을 보호해줄 안전한 병원을 찾읍시다. 그곳에 가야만 적에게 잡히지 않을 겁니다. 나는 당신을 돕고 싶습니다."

그는 온순하게 나의 안내를 받으며 택시 승강장으로 갔어요. 저는 진심으로 그를 위하는 어조로 말했습니다.

"당신이 적에게 쫓기고 있다는 것을 나는 믿어요. 당신을 도와주고 싶어요. 당신은 피해자인데, 당신 돈을 들여서 안전한 병원으로 가는 건 억울해요. 그러니 지금 택시를 타고 경찰서로 가세요. 그리고 당신이 적들에게 당하고 있는 어려움을 호소하세요. 그러면 경찰들이 국가의 세금으로 보호해주는 안전한 병원으로 안내할 겁니다. 무료 앰뷸런스를 택시처럼 불러서 안전하게 모실 거예요! 어서 경찰서로 가요!"

그는 순한 양처럼 택시를 타고 경찰서로 갔습니다. 내가 말로써 그를 제압할 수 있었던 것은, 진심으로 자신을 걱정해주는 내 마음이 전달된 덕분이었습니다.

오스트리아 병합

내가 개원한 병원에서 마음껏 환자들을 진료할 수 있는 자유는 오래가지 못했습니다. 개원 몇 달 뒤인 1938년 3월, 히틀러의 군대는 오스트리아 빈을 점령했습니다. 히틀러의 군대가 빈을 점령한 사실을 모른 채, 그날도 나는 강의실에서 열강 중이었죠. 이날 강연의 제목은 '시대의 현상으로 드러나는 신경학'이었어요. 강사도 청중도 강의에 몰입하고 있던 그때, 강의실 문을 열어젖히며 완전군장을 한 나치 부대가 들이닥쳤습니다. '이게 가능한 일인가?' 나는 한참 동안 현실 감각을 잊은 채 나무토막처럼 서 있었죠.

"당장 강의를 멈추시오!"

그 순간, 머릿속에 나다운 생각이 떠올랐어요.

'모든 가능성은 열려 있다. 저놈이 자신의 임무를 잊어버릴 정도로 더 열정적인 강의를 해버리자! 정신을 쏙 빼놓자!'

나는 나치 대원의 눈을 뚫어지게 응시하면서 목청을 높여 속사포 강의를 지속했습니다. 무려 30분! 정해진 강의 종료 시간을 꽉 채우고 내 강의가 끝날 때까지, 그는 나무토막처럼 서 있더군요. 내 평생에 가장 용감했던, 열정적이었던 강의 현장에서 그도 내 강의에 정신줄을 놓아버린 것이죠.

강의가 끝나자 나는 정신을 차리고 급히 집으로 달려갔습니다. 프라터 거리는 시위대로 넘쳐났습니다. 집에 도착하자, 울고 있던 어머니가 나를 맞았습니다. 라디오를 듣고 계셨어요. 슈슈니크 장관Schuschnigg이 국민들에게 작별 인사를 마친 순간이었어요. 라디오에서 흘러나오는 참담할 정도로 슬픈 음악의 선율과 어머니의 울음소리가 집을 가득 채운 저녁이었습니다.

그 후로 우리 가족의 삶은 제대로 풀리는 일이 하나도 없었습니다. 비자를 얻어서 해외로 망명하는 유대인들이 있었지만, 나는 비자를 얻지 못했습니다. 나와 가족의 삶은 앞으로 어떻게 될까? 먹구름 속에 갇힌 상태로 시간을 보내고 있던 중에, 로트실트 병원에서 신경정신과 책임자로 오라는 제안을 받게 됩니다. 나와 부모님이 강제수용소로 끌려가지 않도록 보호해주겠다는 것이 채용 조건이었죠.

　나는 로트실트 병원에서 일하는 동안 다행히 학술적인 연구도 계속할 수 있었습니다. 하루에 평균 열 명, 자살 시도자가 응급실로 실려 오던 때였습니다. 빈에 사는 유대인들은 매일 절망 속에서 하루하루를 보내고 있었어요. 내과 의사인 도나트 교수가 살아날 가망이 없다고 포기한 환자에게도 나는 응급 처치를 멈추지 않았습니다. 정맥에 여러 가지 자극제를 주사했어요. 그것은 저의 신념이었습니다. 자살 시도자를 살려내기 위해 다양한 시도를 하는 나의 노력을 논문으로 써서 스위스의 『아르스 메디치』에 기고하기도 했습니다. 나치 의사회 유대인 담당자의 승인을 받아야만 논문을 게재할 수 있는 시절이었습니다.

　자살 시도자를 살리기 위한 적극적인 연구를 지속한 결과, 뇌수술을 시도하기 시작했습니다. 정맥에 약물을 주사하는 것이 불가능한 환자의 경우, 측면 뇌에 약물을 주입하고 가능한 한 약물이 빨리 제3 뇌실과 제4 뇌실을 연결하는 관인 실비우스 수도 Aqueduct of Sylvius로 전달되게 하기 위해서 천두술[20]을 시행했던 것

20　특수한 추(trepan, 관추)를 사용하여 두 개(頭蓋)에 작은 구멍을 뚫는 조작으로 신경외과 수술에서는 가장 기본적인 수술입니다.

이죠. 생명에 직결되는 중요한 지점이 실비우스 수도 근처에 있기에 신속한 조치를 취하려면 천두술을 실시해야만 했습니다. 이미 호흡을 멈춘 사람이 이 수술을 통해서 이틀 동안 생존한 사례도 있었습니다.

로트실트 병원 외과 과장 라이히는 자살 시도자를 살리기 위해 실시하는 뇌 수술을 그다지 달가워하지 않았습니다. 그는 새로운 시도를 하지 않는 사람이었으니까요. 대부분의 의사들은 이 뇌 수술을 의학 교과서에서 배웠죠. 나 또한 마찬가지였습니다. 하지만 나는 뇌 수술을 혼자 책임지고 처음부터 끝까지 마무리하는 것을 꿈꿀 정도로 신경외과 수술에 능숙해졌습니다. 수술실 직원은 내가 단 한 번도 외과에서 수련한 적이 없다는 걸 안 뒤, 도저히 믿을 수 없다며 놀라워했죠.

나의 조수였던 라파포르트 박사는 자살 시도자들이 응급실로 실려 왔을 때, 적극적으로 살려내려고 애쓰는 나의 노력에 반대했던 사람입니다. 그녀가 어느 날 자살 시도자가 되어 응급실에 실려 왔을 때, 내 심정은 참담했습니다. 나는 망설임 없이 그녀를 적극적으로 살려냈습니다. 그런데…… 그녀는 결국 강제수용소로 끌려가고 말았습니다.

빅터 프랭클

나는 자살을 시도하는 사람들의 결심을, 고통을 존중합니다.

　하지만 한 생명이라도 끝까지 살려내려는 나의 신념과 원칙도 존중받기를 원합니다.

　나는 딱 한 번, 나의 신념과 원칙을 저버린 적이 있습니다. 노부부가 동반 자살을 시도했고, 할머니는 사망했으며 할아버지는 거의 숨이 끊어진 듯한 상태로 이송되어 왔을 때였습니다. 나는 할아버지를 살리기 위해 내가 시도하는 모든 방법을 동원해야 할지 갈등하다가, 애써 살려내는 것은 하지 않기로 했습니다. 이유가 있었어요. 만약에 할아버지가 살아난다면 홀로 아내 없이 이 시국을 살아가야 할 테고, 혼자 그 무덤을 찾아가야 할 텐데, 내가 그 고통을 책임질 수 있을까? 답을 할 수 없었기 때문입니다.

　비슷한 사례는 또 있습니다. 앓고 있는 병의 치료가 불가능하고, 오래 살 수 없으며, 시간이 갈수록 고통의 강도가 강해지는 환자의 경우입니다. 하지만 단언컨대, 그런 고통 속에서도 삶의 의미를 찾고 자신을 실현할 수 있는 최후의 기회는 당연히 있습니다. 하지만 치료자가 환자에게 '포기하지 마세요, 아직 끝나지 않았어요, 당신의 인생은 의미 있고 아직 당신의 삶에서 이루어낼 것들이 많다는 걸 기억하세요'와 같은 말을 해주고 싶을 때는 매우 신중해야 합니다. 이루 말할 수 없는 고통 속에 있는 사람에게, 그럼에도 불구하고 자아실현을 하는 영웅이 되라고 타인이 강요할 수는 없습니다. 오직 자신이 자신에게만 요구할 수 있는 것입니다.[21]

내가 그 상황에 처해 있지 않으면서 쉽게 말해서는 안 됩니다. 당시엔 '나치한테 고개를 숙이느니, 차라리 강제수용소에 가겠다'고 주장하는 사람들이 있었습니다. 하지만 그 말은 이미 외국으로 망명한 유대인이 아니라, 행동으로 직접 증명할 수 있는 사람만이 할 수 있는 말입니다. 다른 사람의 행동에 대해 너무 쉽게 판단을 내리는 것 또한 마찬가지입니다.

히틀러 치하에서 유대인들의 삶은 비극, 그 자체였습니다. 의

---

[21] '왜 살아야 하는지 아는 사람은 그 어떤 상황도 견딜 수 있다'는 니체의 말은 로고테라피의 핵심을 담고 있습니다. 삶의 의미를 찾는 건, 생존의 문제입니다. 우리는 간절한 마음으로 '내 안에 숨겨진 순수한 동기'를 찾아야 해요. 그래야 내 삶에 대한 근본적인 태도를 바꿀 수 있습니다. 모든 사람의 인생에는 의미가 있어요. 생명이 있는 모든 사람에겐 충족시켜야 할 의미, 실현해야 할 사명이 반드시 주어져 있습니다. 나에게 발견되어 실현되길 기다리고 있는 '의미'가 있어요.
우리의 인생에서 일어나는 모든 사건들, 즐거운 일뿐만 아니라 괴로운 일들도 의미 있는 일입니다. 내 삶에서 반드시 필요하기 때문에 일어났다는 사실을 받아들여야 해요. '왜 나한테 이런 일이 일어났을까!' 탄식하면서 '내 인생은 불행하다'고 판단하고 실망하지 말아요. 이 기본적인 인생철학을 받아들일 때, 참된 행복을 얻을 수 있습니다. 스스로 삶의 의미를 찾을 수 있도록 안내하는 것이 바로 '로고테라피'입니다. 그러므로 로고테라피 치료자(상담자)는 답을 주는 사람이 아니라, 스스로 답을 찾을 수 있도록 안내하는 사람이어야 합니다. _이시형·박상미, 『내 삶의 의미는 무엇인가』

빅터 프랭클

학계에서도 마찬가지였죠. 차마 웃지 못할 해프닝들이 벌어지기 시작합니다. 히틀러가 집권한 후, 유대인 의사들은 해고되거나 수용소로 추방을 당했어요. 그 빈자리는 경험이 턱없이 부족한 초짜 나치 의사들이 채웠죠. 이런 일도 벌어집니다. 로트실트 병원 응급실에 이송돼 온 여자에게 의사는 사망 선고를 내리고 시체 해부실로 곧장 옮기도록 명령했죠. 그런데 잠시 후, 시체 해부실에서 난동을 피우는 소리로 병원이 들썩거리게 됩니다. 죽은 여자가 다시 살아나서 비명을 지르며 소란을 피운 것이었어요. 결국 그녀는 내과 병동에 갇히게 됩니다. 단 몇 시간 만에 시체 해부실에서 내과로 이송되는 흔치 않은 풍경이 그 시절에는 종종 벌어지고 있었답니다.

웃지 못할 해프닝은 또 있었죠. 간질병을 앓는 환자를 내가 돌보던 시기였는데, 처방한 약을 먹고 발작이 멈췄어요. 다행이었죠. 하지만 그는 다른 증세를 보이기 시작했어요. 간질 발작을 멈추고 정상의 상태가 되자, 그는 유대인들이 많이 모여 사는 레오폴트슈타트의 로텐슈테른가세 광장 한복판에 서서 히틀러를 비판하고 욕을 퍼붓기 시작한 거였어요! 그야말로 목숨이 위태한 광란이었죠. 나는 어쩔 수 없이 약 처방을 멈춥니다. 간질 발작보다 더 위험한 행위를 멈추게 할 방법이 그것밖에는 없었으니까요. 그의 간질 발작 증세는 다시 시작되었고, 병세가 악화되

자 그는 더 이상 히틀러 비판을 할 수 없게 되었습니다. 시대의
비극이란 이런 게 아닐까요?

안락사를 반대한다

앞에서 언급한 내 친구 푀츨의 이야기입니다. 푀츨은 반유대주의자는 아니었지만, 나치당(민족사회주의 독일 노동자당) 당원 배지를 가슴에 달고 다녔습니다. 하지만 푀츨은 끝까지 친구인 나에 대한 의리를 지켰고, 할 수 있는 한 나와 유대인 환자들을 도우려 애썼습니다. 다른 의료진들은 유대인 의사인 나를 도울 수 없는 상황이었기에 더욱 고마웠죠. 그 당시엔 유대인 양로원이 따로 있었습니다. 나는 유대인 양로원을 관리하고 있었죠. 그날은 내가 맡고 있던 뇌종양 환자들을 대학병원으로 이송해야 하는 날이었는데, 푀츨이 나를 돕기 위해 직접 와주었어요. 그 당시는 나치 당국이 정신병 환자들을 안락사시키던 시기였습니다. 푀츨과 나는 안락사를 반대하는 의료진이었습니다.

당시엔 정신질환을 앓는 사람은 양로원에 수용될 수 없었습니다. 엄격히 금하고 철저히 감시하고 정신질환자들을 가려내서 안락사시켰습니다. 하지만 나는 온갖 편법을 동원해서 그 엄격한 규정을 무시하고 있었죠. 조현병 환자는 뇌 질환의 일종인 실어증으로, 우울증은 고열에 의한 일시적인 정신착란으로 진단해서 정신질환을 앓는 노인들이 안락사를 피할 수 있도록 했습니다. 쉽게 말해서, 그들이 규정하는 '정신병'을 정신병이 아닌 것으로 진단서를 발급하는 수법을 썼던 것이죠. 물론 목숨을 건 행위였어요. 조현병 환자가 발작을 하면 당장 나치 당원들의 감시에 발각될 수 있으므로, 몸을 마음대로 움직일 수 없게 제약하는 침대에 눕히고 응급 처치로 '카르디아졸 경련 요법'[22]을 실시하여 증세가 나아지도록 도왔습니다.

푀츨은 내가 말하지 않아도 우리 양로원의 분위기를 눈치챈 듯했습니다. 푀츨의 병원에 유대인 환자가 올 때마다 우리 양로원으로 보내주었죠. 정신질환이 있는 경우에도 나치 당국에 보고하지 않고 나에게 연락을 해왔습니다.

---

22 메듀나(L. Meduna)에 의해 시작된 치료법. 10%의 카르디아졸(메트라졸)을 급속하게 정맥 주사해서 전신 경련을 일으키게 하는 치료법으로, 신체에 충격을 가하여 발작을 저지하는 치료 방법입니다.

빅터 프랭클

"우리 병원에 유대인 환자가 있는데, 그쪽 양로원에서 치료하겠습니까?"

그는 한 번도 환자의 정신질환에 대해 언급하지 않고 우리 양로원으로 유대인 정신질환자들을 보내주었습니다. 창의적인 진단서 작성은 내가 알아서 한다는 걸 그는 알고 있었을 테니까요. 유대인 정신질환자들은 이런 식으로 안락사를 모면할 수 있었지만, 오히려 나치를 추종하는 가족을 둔 환자들은 안락사를 피해갈 수 없었습니다. 나치 당국의 명령에 충성해야 했으니까요. 나는 퇴츨의 신의에 지금도 감사하고 있습니다. 그가 아니었다면 정신질환자들은 모조리 안락사의 희생양이 되었을 겁니다.

유대인이어서 오히려 목숨을 구한 사례도 있다면 믿으시겠습니까? 어느 날, 나는 퇴츨로부터 푸르커스도르프에 있는 유대인 환자 두 명을 양로원으로 이송하라는 연락을 받았어요. 나는 사회복지사와 함께 그들을 양로원으로 이송하게 되었죠. 택시 한대에는 사회복지사와 내가 탔고, 두 대의 택시가 환자를 각각 한 명씩 태우고 우리 택시보다 앞서서 출발을 하더군요. 왜 그들을 따로 태웠는지 의아했지만, 이유가 있겠거니 생각하며 잠자코 있었죠. 그런데 우회전을 해야 하는 사거리에서 택시 한 대가 좌회전을 하는 게 아니겠어요? 나는 사회복지사에게 물었어요.

"왜 반대 방향으로 가죠? 우리 양로원은 우회전인데?"

"아, 제가 말씀드리는 걸 잊었네요. 출발 직전에 확인을 하니, 저 환자는 유대교를 믿지 않기로 했다는군요. 그래서 유대인 양로원에 갈 수 없어요. 저 환자는 안타깝게도…… 슈타인호프로 이송하게 되었어요."

좌회전을 하면 슈타인호프수용소로 가는 길이었습니다. 그 환자는 가스실로 직행하는 길에 들어선 거였죠! 그 여인이 유대교 신앙을 포기할 수밖에 없는 사연이 분명히 있었을 겁니다. 아마도 살기 위해서 그럴 수밖에 없었을 테지요. 그런데…… 그 결과가 가스실로 직진하는 것이라니……. 그녀는 상상하지 못했을 거예요. 나는 그날 삶과 죽음의 갈림길을 지켜보아야 했습니다. 어떤 선택은 사형 선고가 될 수도 있다는 것을 깨닫고, 잠을 이룰 수 없었습니다.

출국 비자를 포기한 이유

———

미국으로 가는 입국 비자를 몇 년 동안 기다렸지만 허가가 나지 않았습니다. 미국 영사관에 서면으로 허가 요청서를 보내도 답을 받을 수 없었죠. 사실 저는 망설이고 있었습니다.

'부모님을 이곳에 남겨두고 나만 미국으로 떠날 수 있을까? 부모님 앞에 펼쳐질 운명의 시나리오를 알고 있는데⋯⋯. 부모님의 운명에 맡기고 떠나는 게 옳을까? 미국행은 나 혼자만을 위한 것인데⋯⋯. 어떻게 해야 할까⋯⋯.'

신께서 계시라도 내려주시면 좋겠다는 생각이 들 정도로 나는 고민이 깊었습니다. 어느 날 저녁, 귀가해보니 거실 탁자 위에 작은 대리석 조각 하나가 눈에 들어왔습니다. 아버지께 어디서 난 것인지 여쭈어보았죠.

"오늘 화재 현장에서 주워온 거야. 『시나고그』[23]가 불탄 걸 너도 알지? 율법을 기록한 대리석들도 모두 훼손되었더구나. 십계명 중 하나가 히브리어로 새겨져 있는 조각이 눈에 띄어서 가져왔단다."

"어떤 계명인지 궁금해요."

"네 부모를 공경하라. 그리하면 나 여호와가 네게 준 땅에서 네 생명이 길리라."

그 순간, 나는 결심했습니다. 이 땅에서 부모님과 함께 있어야겠다고. 결국 비자 기간은 만료되었어요. 불에 탄 대리석 조각이 내게 응답한 사건이었죠.

결정을 하고 나니 마음이 편해졌습니다. 어쩌면 처음부터 나의 결정은 정해져 있었는지도 모릅니다. 신의 응답이라고 생각한 것은, 내 양심의 소리였을 것입니다.

프로이트의 '투사법'[24]으로 설명할 수 있는 문제이지요. 그 대리석 조각을 보고 누군가는 탄산칼슘을 떠올릴 것이고, 누군가는 화재의 잔해로 볼 것이고, 누군가는 신의 계시를 받았다고 해석할 수도 있습니다. 실존에 대한 질문이 투영되어 있다고 말하

---

24 투사법(projection method)은 프로이트 학파의 이론에서 발전된 검사법으로, 인간의 잠재된 심층 심리를 분석하는 방법입니다. 개인의 다양한 성격, 감정과 태도 등을 잘 발견할 수 있습니다. 인간이 외부 세계를 지각할 때엔 자신의 내적 감정과 개인의 생각이 투영된다고 봅니다.

는 이도 있을 거예요. 이렇듯, 모든 것을 해석할 때에는 자신의 감정과 생각이 투사될 수밖에 없지요.

며칠 후, 아침 일찍 게슈타포의 전화를 받고서야 '아, 이젠 강제수용소로 끌려가는구나' 내 운명을 실감할 수 있었습니다.

"빠른 시일 내에 사령부로 오시오."

"옷가지 등을 챙겨 가야 할까요?"

"당연하지!"

다시 집으로 돌아올 수 없는 운명이 시작되었다는 걸 직감할 수 있었죠. 침착하게 사령부로 향했고, 나치 친위대의 심문을 받기 시작했습니다. 그는 나에게 스파이 활동을 하다가 해외로 망명한 유대인의 행적을 아는지 캐물었습니다. 나는 그의 이름만알 뿐, 개인적 친분은 없기에 행방을 알지 못한다고 솔직하게 답했습니다. 잠시 침묵하던 그는 나에게 조용히 물었습니다.

"당신, 심리치료사죠?"

"네, 맞습니다."

"음……. 내 친구가 광장공포증이 심한데, 어떻게 해야 나을 수 있을까요?"

나는 성심성의껏 의사로서 답을 했습니다.

"언제 어디서든 갑자기 공포가 엄습해온다고 하지 않던가요? 그럴 땐 침착하게 속으로 자신에게 이렇게 말하라고 하세요.

'길 한복판에서 쓰러지는 게 두려워? 괜찮아. 내가 원하는 게 바로 그거야. 나는 길에서 쓰러질 거야. 사람들이 몰려오겠지. 쓰러지기만 하는 게 아니라 기절도 할 거야. 뇌졸중이 오고 심장마비가 와도 괜찮아. 더 센 놈이 와도 상관없어! 오늘 반드시 광장공포증 때문에 나는 기절하고 말 테야!'"

로고테라피의 역설의도기법을 설명해주었죠. 그는 환자의 자세로 매우 심각하게, 그리고 흥미롭게 내 이야기에 집중했습니다. 그가 말한 '친구'가 자기 자신이라는 걸 저는 눈치채고 있었습니다. 나 또한 의사로서 도움을 주고 싶었고요.

어쨌든 로고테라피 덕분에, 역설의도기법 덕분에 나는 강제수용소로 끌려가지 않았고, 내 부모님도 지켜낼 수 있었습니다. 그에게 알려준 로고테라피 치료법이 효과가 있었기 때문이었습니다.

나의 아내, 틸리

나는 그녀의 예쁜 외모에 반했습니다. 지혜로움, 따스한 마음엔 더 반했죠. 표현이 부족할 정도지만, 그녀의 천성에 반했다고 말하고 싶어요. 나의 첫 아내, 틸리Tilly Grosser의 이야기입니다. 틸리는 간호사였습니다. 그녀를 처음 만난 날을 잊지 못하죠. 마치 스페인 현대 무용가 같았어요. 나는 그녀에게 말을 거는 게 너무나 떨려서 괜히 그녀의 친구에게만 늘 말을 걸었죠. 나중에 틸리가 내게 말하길, 자신의 친구에게만 말을 거는 게 질투가 나서 '프랭클이 나를 좋아하게 만들고 말겠어' 하고 결심했다더군요. 그녀도 내게 관심이 있다는 걸 알고, 나는 적극적으로 그녀에게 다가갔죠. 그렇게 우리의 인연은 시작되었어요.

　사람들은 내가 그녀의 외모에 반하고, 그녀는 나의 똑똑함에 반했을 거라고 생각했지만, 사실 우리는 서로의 더 큰 매력에 반했어요. 서로의 마음에 깊이 빠져들었죠. 틸리의 가족도 언제 강제수용소에 끌려갈지 모르는 불안 속에서 지내던 때에 우리는 만났습니다. 의료진은 이송보호권이 있어서 수용소로 끌려가는 걸 최대한 보류할 수 있었지만, 의료진의 가족은 이송보호권을 박탈당했기에 틸리의 가족도 매일 불안 속에서 지내야 했죠.

내가 틸리의 집에서 머물던 어느 날, 평안을 깨는 초인종 소리가 울렸어요. 우리는 모두 공포의 방문자가 찾아온 것을 감지했죠. 누구도 선뜻 문을 열지 못했어요. 벨이 수차례 울렸을 때 하는 수 없이 문을 열었어요. 나치 친위대가 아닌 유대 공동체 소속의 남자가 서 있는 걸 확인하고서야 모두 가슴을 쓸어내렸죠. 그는 틸리의 어머니가 수용소에 끌려간 유대인들의 빈집을 치우는 일을 맡는다면 이송보호권을 다시 갖게 될 거라는 소식을 가지고 온 거였어요. 우리는 서로 얼굴을 마주 보며 믿기 힘든 행운이 우리를 찾아온 것에 감격했어요. 틸리는 역시 그녀다운 감탄사를 문장으로 표현했어요.

"이거야말로 신이 기적을 행하신다는 증거 아니야?"

아퀴나스의 『신학대전』을 한 문장으로 요약한다면 이 문장으로 충분하지 않을까? 나는 생각했어요.

틸리는 반하지 않을 수 없는, 사랑스러운 여인이었죠. 한번은 체르닌가세에 있는 우리 집에서 그녀가 나를 위한 점심 식사를 준비하고 있을 때, 전화벨이 울렸어요. 로트실트 병원에서 급히 나를 찾는 전화였죠. 수면제를 과다 복용한 자살 시도 환자를 내과 의사들이 모두 포기했는데 신경외과에서 수술을 맡겠느냐고 물었고, 나는 곧장 택시를 타러 뛰쳐나갔습니다.

두 시간쯤 지난 후, 응급 수술을 마치고 귀가했을 때 점심을 건너뛴 허기가 한꺼번에 몰려왔어요. 당연히 틸리가 식사를 먼저 했을 거라 생각했지만, 그녀는 나를 기다리고 있었어요.

"먼저 먹지 그랬어요?"

내가 물었을 때, 그녀가 답했어요.

"수술은 잘 됐어요? 환자는 어때요?"

그 순간, 나는 틸리와 결혼하기로 결심했습니다. '이제 왔어요? 당신과 먹으려고 지금까지 기다렸어요'라고 말하는 것보다 훨씬 마음에 드는 말이었죠. 프랭클의 아내로서 잘할 것 같은 여자가 아니라, '틸리'라는 존재 자체가 참 멋진 사람이었습니다.

마침내 우리는 결혼했습니다. 나치 당국의 결혼 허가를 받은 마지막 유대인 커플이었죠. 그 후 유대인 호적 사무소는 바로 폐쇄되었답니다.

우리는 유대 공동체에서 결혼식을 올렸습니다.[25] 둘 다 가슴에 노란별 배지[26]를 달고 말입니다. 결혼사진을 찍어서 제출하는 것은 의무 사항이었기에 틸리는 면사포를 쓴 채로 시내에 있는 사진관을 향해 꽤 먼 거리를 걸어야 했죠. 유대인은 택시를 탈수 없었기 때문입니다.

사진을 찍고 집으로 돌아올 때, 우리는 서점 앞에서 잠시 멈춰섰습니다. 쇼윈도에 진열된 책 중에『우리는 결혼을 원해요』라는 책이 눈에 쏙 들어왔기 때문이었죠. 틸리는 여전히 면사포를 쓰고 있었기에 그 책을 사는 건 너무나 어울리는 일이었어요. 틸리는 그 책을 가지고 싶어 했고, 나는 틸리가 원하는 것이라면 무엇이든지 동의하는 사람이었으니까요.

면사포를 쓴 아름다운 틸리가 서점 직원에게 다가갔죠. 그 장면은 내 기억 속에 꿈같은 한 장면으로 남아 있습니다.

"책을 사시려고요? 어떤 책을 드릴까요?"

"『우리는 결혼을 원해요』요."

---

25 1941년 12월.
26 나치 독일은 유대인들을 사회로부터 격리시키기 위해서, 유대인들을 게토라고 불리는 특정 지역에 감금시켰습니다. 게토에서 굶어 죽거나 병들어 죽는 사람이 많았습니다. 또한 유대인들은 노란색 배지를 반드시 달고 다녀야 했습니다. '유대인'이므로 차별하고 격리하라는 징표였습니다. 실례로『안네의 일기』를 쓴 안네 프랑크는 은신처로 이동하는 과정을 묘사할 때 이렇게 썼습니다. '네덜란드 사람들은 우리를 불쌍한 눈으로 바라보았지만, 노란별을 단 우리를 아무도 돕지 못했다.'

　　　　　　　　　　　　　　　　　　　　　　　빅터 프랭클

그 당시엔 사실상 유대인 부부가 아이를 낳는 것은 꿈도 꾸지 못할 일이었습니다. 허가를 받고 결혼을 하더라도 아이는 낳을 수 없었죠. 공식적으로 금지되진 않았지만, 유대인 여성이 임신을 하면 곧장 강제수용소로 호송되었으니까요.

유대인 여성들은 강제로 임신 중절 수술을 당하기도 했습니다. 의사협회가 나서고 싶어도 법적 근거가 없어서 그 잔인한 행위를 막을 길이 없었습니다. 우리 부부에게도 생명이 찾아왔지만……. 나의 아내 틸리는 그 생명을 강제로 빼앗겨야 했습니다. 나는 그 아이에게 바치는 책『의미를 향한 소리 없는 절규』를 쓰는 것으로 슬픔을 대신해야 했습니다.

강제수용소

틸리와의 결혼은 꿈같이 이루어졌고, 꿈보다 더 행복했습니다. 하지만 우리의 행복은 오래가지 못했지요. 9개월 뒤, 우리는 테레지엔슈타트 수용소로 끌려갑니다.[27]

---

[27] 1942년 9월 25일. 프랭클의 아내와 부모는 나치 테레지엔슈타트로 추방되었고, 그곳에서 B블록 4번 정신병동에 배치되어 종합의사로서 일했습니다. 체코 프라하에서 60킬로미터 떨어진 테레지엔슈타트(테레진)에 유대인 거주 지역인 '게토'가 설치되었는데, 나치는 유럽 전역에서 추방된 유대인을 여기에 몰아넣었습니다. 테레진은 죽음의 수용소인 아우슈비츠로 가는 중간 기착지였습니다. 하지만 나치는 외국인들에게 자신들의 만행을 숨기기 위해 '보여주기용 도시'로 꾸몄습니다. 나치의 잔학성이 국제 사회에 알려지면서 적십자 조사단이 테레지엔슈타트 게토를 방문하여 직접 확인하겠다고 요청하자, 나치는 허용하였습니다. 테레진의 열악한 상황을 은폐하고 정상적인 환경으로 보이도록 하기 위해 일시적으로 '가짜 도시'를 만들어서 국제 사회에 눈가림을 했던 것이지요. 독일 선전선동부는 적십자사의 테레지엔슈타트 방문을 앞두고 유대인 음악가들을 불러 모아서 오케스트라 연주를 시키고 공연 실황을 담은 영상물을 제작하여 배포하기도 합니다.

테레진은 낮에는 정신병동이었던 곳을 밤새 청소해서 '중학교'라는 간판을 걸고 유대인을 위한 진짜 학교처럼 꾸미고, 해외 취재진들이 '왜 교사는 없느냐'고 질문하면 '오늘은 휴교일'이라며 둘러대기도 했습니다. 테레진이 유대인을 위한 평화로운 도시인 것처럼 꾸며서 가자 영화를 찍기도 했죠. 테레진에 모인 유대인들은 충격과 슬픔을 극복하기 위해 예술 캠프를 만들고 밤마다 음

우리 가족이 바우쇼비치 역에서 테레지엔슈타트 수용소를 향해 행군하던 날의 일입니다. 사람들은 모두 공포에 질려 있었죠. 아버지는 큰 나무 상자를 등에 짊어지고 행렬 속에 있었습니다. 아버지는 겁에 질린 사람들을 이렇게 안심시켰어요.

"하늘은 스스로 돕는 자를 돕습니다."

아버지는 눈이 마주치는 사람들에게 미소를 지어 보이며 안심시켰어요. 내 아버지는 그토록 침착하고 담담한 분이었습니다. 내 성격의 뿌리는 그분에게서 온 것입니다.

테레지엔슈타트는 '게토'와 같은 곳이었지만, 나는 테레지엔슈타트 변두리에 있는 수용소에서 혹독한 고통을 겪기도 했습니다. 강제 노동에 끌려가서 온몸에 서른 개가 넘는 상처를 입기도 했죠. 그야말로 만신창이가 되어서 쓰러져 있을 때, 폭력배 출신

악, 미술, 연극 공연을 하기도 했습니다. 테레진엔 유대인 음악가, 미술가, 작가들이 많이 있었고, '보여주기용'으로 이용되기도 했지만, 유대인의 처절한 아픔을 기록한 예술 작품이 그곳에서 탄생하기도 합니다. 빅토르 울만과 같이 테레지엔슈타트 수용소에 수감되어 있다가 아우슈비츠에서 생을 마감했던 여성 시인이자 작곡가 일제 베버(1903~1944)는 그곳에서 100여 편의 시를 썼고, 직접 작곡을 하기도 했습니다. 일제 베버의 〈나는 테레지엔슈타트를 걷네(Ich Wandre durch Theresienstadt)〉라는 곡은 수용소의 음악으로 알려진 곡입니다. 테레진의 유대인들은 살아남기 위해 서로를 위로하고 부축하는 데 힘을 모았습니다. 수용자들이 주축이 되어서 자살을 막기 위해 '자살 감시망'을 만들기도 했습니다. 약 14만 4,000명의 유대인이 이곳에 수용되었고, 이들 중 3만 3,000명이 여기서 죽었습니다. 약 8만 8,000명은 아우슈비츠 강제수용소 등의 다른 수용소로 이송되었고, 전쟁이 끝났을 때 단 1만 9,000명만 생존해 있었다고 합니다. 프랭클의 아버지는 이곳에서 굶어 죽었습니다.

감독관[28] 한 놈이 나타나서 나를 질질 끌고 막사로 데려다주었죠. 그 광경을 본 틸리가 나를 발견하고 뛰어왔어요.

"세상에! 세상에⋯⋯."

실력 있는 간호사인 아내 틸리는 나를 정성껏 치료해주었죠. 수용소 안에서도 나의 몸과 마음을 돌봐주려고 애쓰는 사람이었습니다. 틸리는 나의 상태가 조금 호전되자 몸보다 더 상처 입은 내 마음을 위로해주려고 행사 중인 다른 막사로 나를 데리고 갔습니다. 프라하 출신의 유명한 재즈 뮤지션이 수용소에 끌려와 있었는데, 그가 연주를 하고 있었죠. 그 노래는 테레지엔슈타트 유대인들의 비공식적인 애국가로 불린 〈내 곁에 있는 그대의 모습이 아름다워 Bei mir bist du schön〉였어요. 모두 조용히 눈물을 흘렸던 시간이었습니다.

오전에는 견디기 힘든 모멸감의 시간을 보내고, 오후에는 아름다운 재즈 공연을 보며 생각했습니다. 추함과 아름다움, 비인간성과 인간성이 공존하는 곳! 나는 수용소에서 인간 존재가 지닌 양면성을 보았고, 그것은 인간 존재의 전형적인 모습이었습니다.

---

28 수용소 안에서는 범죄 전과가 있는 폭력배들이 수용자들을 관리하는 감독관 역할을 맡는 경우가 많았습니다.

나는 테레지엔슈타트 수용소에 들어갈 때, 모르핀 앰플을 몰래 숨겨서 들어갔습니다. 내가 의사였기 때문에 소지하고 있었던 것이죠. 그 당시 아버지는 말기 폐부종 환자였어요. 감자 껍질을 먹으며 목숨을 연명하던 여든한 살 아버지는 굶주림 때문에 이미 반은 죽은 상태였어요. 숨을 제대로 쉬지 못하는 아버지를 지켜보며 죽음이 다가왔다는 걸 직감한 나는 아버지에게 모르핀을 주사했어요.

"아버지, 많이 아프세요?"

"아니."

"아버지, 원하는 게 있으세요?"

"없다."

"저한테 하고 싶은 말씀은요?"

"없다."

나는 아버지께 입맞춤을 하고 자리를 떠났죠. 아버지를 다시 만날 수 없으리란 걸 알고 있었어요. 그때 나는 매우 신비로운 감정을 느꼈습니다. 내가 마지막으로 할 수 있는 최선을 다했다는 생각이 들었어요. 나는 부모님 때문에 빈에 남았고, 아버지의 임종을 지켰으며, 아버지가 죽음의 고통을 덜 느끼도록 내가 할 수 있는 일을 다했다는 안도감이었어요. 그 시절은 언제 강제수용소로 추방될지 모르는 불안한 시기였습니다. 어머니의 삼촌인 작가 비너가 죽어가는 모습도 지켜보아야 했습니다. 나는 그 시기에도 책상에 앉아서 로고테라피 책의 초고를 쓰는 일을 멈추지 않았습니다.

아버지가 돌아가신 후 어머니는 깊은 슬픔에 빠져 있었습니다. 그러던 어느 날, 아버지의 지인인 랍비 페르다가 어머니를 찾아왔어요.

"당신 남편은 진정한 '자딕(정의로운 사람)'이었어요!"

그 말은 아들인 제 가슴에 오래 남았습니다. 저도 진심으로 아버지를 정의로운 사람이라고 생각합니다. 살아 계실 때 아버지는 늘 이렇게 말씀하셨어요. 아버지의 신념이었죠.

"신이 원하신다면, 나는 어떤 일도 견딜 수 있다."

테레지엔슈타트 수용소에서 지내는 동안, 어머니와 나는 만났다 헤어질 때면 언제 어디서건 입맞춤을 했어요. 우리가 다시 헤어지더라도 항상 건강하게 잘 지낼 것이라는 믿음을 나누는 상징적인 인사법이었죠.

테레지엔슈타트에서 맞은 틸리의 스물세 번째 생일이 기억납니다. 편지를 몰래 전해줄 수 있었죠.

'사랑하는 당신께. 나는 소망합니다. 당신이 끝까지 당신 자신을 믿기를!'

나는 항상, 그녀가 자기 자신을 믿고 사랑하기를 간절히 빌었습니다.

테레지엔슈타트에 온 지 두 달쯤 되던 때, 틸리는 이송보호권을 얻게 됩니다. 틸리가 전쟁에 필요한 물품을 만드는 공장에서 일을 하고 있었기에 이송보호권을 얻을 수 있었던 거예요. 당분간은 강제로 죽음의 수용소에 끌려갈 일이 없어졌으니 정말 다행이었죠! 하지만 틸리의 성격을 알기에 나는 불안해지기 시작했어요. 나와 헤어지지 않기 위해서 아우슈비츠에 자발적으로 지원하면 어떡하나……. 어떻게 막아야 하나!

"틸리, 내 말 잘 들어요. 간곡히 부탁할게요! 아우슈비츠에 지원해선 안 돼요! 나를 위한다면, 제발 내 말을 들어요!"

하지만 틸리는 어떻게 해서든 나와 함께하는 길을 택할 사람이었죠. 틸리는 나에게 비밀로 한 채 아우슈비츠행을 지원했고, 허가를 받아내고야 맙니다.

틸리와 내가 아우슈비츠로 이송되던 날을 잊지 못합니다. 틸리와 함께 어머니께 인사를 드리러 갔어요. 어머니와 작별 인사를 하면서 이렇게 부탁했습니다.

"어머니! 부디 저를 축복해주세요."

어머니는 가슴 깊은 곳에서 끌어올린 뜨거운 음성으로 이렇게 답하셨습니다.

"사랑하는 아들아! 너에게 신의 축복이 함께할 것이다!"

나는 어머니를 다시 만나면 어떻게 할지 항상 생각했습니다. 그때마다 무릎을 꿇고 어머니의 치맛자락에 키스를 하는 내 모습이 떠올랐습니다. 어머니에 대한 내 마음을 표현하기에 너무나 어울리는 장면이기 때문입니다.

아우슈비츠로 가는 길.²⁹ 우리를 실은 기차는 미어터질 듯했고,

---

29 이 수용소는 세계 최대 규모의 공동묘지라고 할 수 있습니다. 24개국의 다른 나라에서 온 400만 명의 사람들(수많은 유대인을 포함)이 이곳에서 체계적으로 굶주림과 고문, 살인을 당했습니다. 나치 친위대가 사용한 잔인한 방식은 문서와 사진으로 남아 있습니다.

강제수용소는 나치가 1940년에 오시비엥침시의 교외에 세웠습니다. 그곳은 제2차 세계대전 동안 독일이 점령하고 있었습니다. 오시비엥침시는 나중에 독일어인 '아우슈비츠'로 바뀌었고 이것이 수용소의 이름이 되었습니다. 이후 수용소는 더 넓어져 3개의 주요 구역으로 나누어졌습니다. 가장 오래된 첫 번째 구역은 '주(主) 수용소'라고 불렸으며, 후에 아우슈비츠 제1수용소로 알려졌습니다. 주 수용소는 전쟁 전에 폴란드의 군대 막사로 쓰던 건물과 토지에 만들어졌으며, 수용 인원은 2만 명을 넘기도 했지만, 보통 1만 5,000명 전후였습니다.

두 번째 구역은 아우슈비츠 제2수용소로 알려진 비르케나우 수용소입니다. 이곳에 1944년 당시 유대인, 폴란드인, 집시, 기타 국적자로 이루어진 9만 명 이상의 죄수들이 수용되었습니다. 아우슈비츠 전체에서 가장 큰 구역으로, 막사는 대개 나무로 엉성하게 만들어졌습니다. 나치는 1941년 오시비엥침에서 3킬로미터 떨어진 브제진카(Brzezinka) 마을의 주민들을 퇴거시킨 뒤 그 가옥들을 압수하여 철거하고 이 수용소를 짓기 시작했습니다. 대량 학살 장비들 대부분이 비르케나우에 설치되었고, 희생자의 대다수가 이곳에서 숨졌습니다.

아우슈비츠 제2수용소 곳곳은 지금도 인체를 소각하고 남은 재로 가득하며, 아우슈비츠 유적은 대부분 이곳에 있습니다. 수용소의 유일한 목적은 인간 말살이었습니다. 광막한 공간, 죄수용 막사, 건물들의 폐허와 잔해, 길게 이어지는 담장과 도로는 이루 말할 수 없는 극도의 비열함, 잔인함, 죄악을 생생히 느끼게 해줍니다.

짐가방들도 산더미처럼 쌓여 있었습니다. 가장 소중한 물건인 책 원고는 잃어버리지 않도록 외투 안감에 넣어서 꼼꼼히 꿰매었기에 안심했습니다.

"여보, 이제 아우슈비츠로 가나 봐요."

잠시 틸리의 목소리가 공포에 떨리는 듯했지만, 이내 평정심을 되찾았습니다. 틸리가 나서서 산더미 같은 짐가방을 정리하기 시작했고, 사람들이 하나둘 틸리를 돕기 시작했습니다. 틸리는 어떤 상황에서도 틸리다운 모습을 포기하지 않았습니다.

아우슈비츠의 세 번째 구역은 부나(Buna) 보조 수용소로, 1943년 11월에 아우슈비츠 제3수용소가 되어 다른 보조 수용소들을 관할하게 되었습니다. 아우슈비츠에는 보조 수용소가 40개 이상 있었습니다. 처음에는 아우슈비츠에 폴란드인들만 갇혀 숨졌지만, 후에는 구 소련 전쟁 포로와 집시 및 다른 국적의 사람들도 이곳에 감금되었고, 1942년부터는 히틀러의 유대인 말살 계획의 일환으로서 유럽 지역 유대인들에게 자행되었던 역사상 최대 규모의 대학살이 벌어지게 되었습니다. 아우슈비츠로 이송된 유대인 성인 남녀와 어린이들의 과반수가 수용소에 도착하자마자 비르케나우의 가스실에서 죽음을 맞이했습니다. 1941년 9월, 소련군 포로와 유대인 수용자들이 독가스실에서 학살당한 것이 아우슈비츠에서의 첫 학살이었습니다. 독가스실에서는 한 번에 약 2,000여 명의 수용자가 학살당했습니다. 대부분의 피해자들이 노동력이 없는 노인과 여성, 그리고 어린이들이었는데, 수용소 도착 즉시 선별되어 보내졌습니다. 독가스실은 대개 샤워실의 모양을 하고 있었는데, 나치는 학살 피해자들에게 샤워를 하라고 하여 옷을 벗게 한 뒤 가스실에 보내어 학살하였습니다. 사용된 독가스는 효과가 빨리 나타나는 치클론 B였습니다. 학살 피해자들의 시체는 시체 소각로에서 대량으로 불태워졌는데 하루에 약 1,500구에서 2,000구까지의 시체가 소각되었고, 이들의 옷과 신발은 분류되었습니다. 또한 수용자들의 머리카락을 잘라 카펫과 가발을 만들었습니다. 이러한 나치의 만행은 현재 독일 역사 교과서에 자세히 서술되어 있습니다.

전쟁이 끝날 무렵, 나치 친위대는 자신들이 저지른 범행의 흔적을 없애기 위해 가스실, 소각장, 다른 건물들을 허물어 없애고 문서들을 소각하기 시작했습니다. 행군이 가능한 죄수들은 독일로 후송되었습니다. 수용소에 남겨진 이들은 1945년 1월 27일 구소련의 적군(赤軍)에 의해 풀려났습니다. _유네스코 기록, 위키백과 참조

빅터 프랭클

죽음의 수용소 아우슈비츠로 가는 날 겪었던 일을 책에 쓴 적은 없습니다. 지금까지 한 번도 언급한 적이 없는 아우슈비츠에서의 일화들을, 이 책에서 처음으로 자세히 기록해보려고 합니다.

　　아우슈비츠로 가는 역에서 있었던 일입니다. 역에서는 포로들을 분류하는 심사가 있었습니다. 포로들은 줄지어 서서 심사를 기다리고 있었고, 악명 높은 멩겔레 박사[30]는 한 사람 한 사람을 훑어본 다음 누구는 오른쪽으로 누구는 왼쪽으로 밀쳐냈죠. 나중에 안 사실이지만, 노역장으로 끌려갈 포로들은 오른쪽으로, 가스실로 끌려갈 포로들은 왼쪽으로 밀쳐낸 것이었죠. 내가 아는 젊은이들은 모두 오른편으로 분류돼 있었어요. 나는 멩겔레가 잠시 딴눈을 파는 사이, 조용히 오른편 제일 끝자리에 가서 서 있었습니다. 어차피 죽을 목숨이라면 목숨을 건 모험을 한다고 해서 손해 볼 것이 없었기에 시도한 것이지요. 절박한 상황이 닥치면 그런 생각과 용기가 내면에서 솟아난다는 걸 알게 되었죠. 그렇게 나는 단 몇 초 사이에 생사의 강을 건넜습니다.

30　아우슈비츠 수용소의 내과 의사이자 나치 부대의 장교였습니다. 아우슈비츠에 포로들이 도착하면 가스실로 보낼 사람과 노역장으로 끌고 갈 사람들을 분류하는 책임자였습니다. 유대인 생체 실험이 수용소에서 자행되었던 것은 사실이었습니다. 수용소에 끌려온 유대인의 목숨은 멩겔레의 손에 달려 있었습니다. 멩겔레의 별명은 '죽음의 천사'였습니다.

아우슈비츠에 도착한 직후, 틸리와 나는 단 몇 분간 함께할 수 있었습니다. 그녀는 끝까지 나에게 밝은 모습을 보여주려 애썼죠. 틸리는 내게 속삭였어요.

"내 시계, 이 예쁜 시계를 곧 나치 친위대 놈들에게 빼앗기겠지? 그럴 순 없지! 차라리 내가 부숴버리겠어."

그녀는 곧바로 실행했고, 잠시나마 나치에게 승리한 듯한 즐거움을 누렸죠. 우린 곧바로 헤어져야 했습니다. 틸리가 여자 수용소를 향해 걸어갈 때 나는 애타게 외쳤습니다.

"틸리! 꼭 살아남아야 해! 무슨 수를 써서라도! 내 말이 무슨 뜻인지 알지? 틸리! 꼭 기억해!"

나는 진심으로 외쳤습니다. 틸리가 살아남을 수만 있다면 나치에 몸을 바쳐서라도 살아남아야 한다고 애절하게 외쳤던 것입니다. 수용소에서는 정절을 바치는 대신 살아남는 사례가 종종 있었으니까요. 남편에 대한 절개 따위를 지킬 생각은 하지 말고, 오로지 살아남을 생각만을 하기를 진심으로 간절히 바랐습니다. 나의 진심이 그녀에게 전달되기를, 그녀가 정절에 대한 죄책감 따위는 결코 가지지 않기를 간절히 바랐습니다.

아우슈비츠에 도착하자마자 우리는 모든 소지품을 다 빼앗겼습니다. 내가 가장 자랑스러워하던 알프스 산악회 '도나우 지부'의 배지까지 모조리 빼앗겼죠. 프랭클이 산악대장이라는 걸 증명하는 증표가 사라진 순간이었어요. 더 큰 충격은 입고 있던 옷까지 모두 벗어야 했기에 나의 원고도 빼앗기고 말았다는 것이었습니다.

나는 누더기 중에서도 가장 낡은 누더기 옷을 배급받아 입었습니다. 이 옷의 주인은 가스실에 끌려가서 죽었겠구나……. 나는 그 옷을 마다하지 않고 입었습니다. 그런데 웃옷 주머니에서 찢어진 종잇조각 하나를 발견했어요. 히브리어 기도문이었습니다. 아……. 내가 수용소에서 잃어버린 원고 대신 이 기도문이 내게 왔구나! 유대교 기도문 중에서도 가장 중요한 '셰마 이스라엘'[31]에 관한 기도문이었습니다. 그날부터 나는 그 종이에 잃어버린 원고의 초안을 틈틈이 다시 쓸 수 있었습니다. 처음엔 기막힌 우연이라고 생각했는데, 그것이야말로 운명적 사건이었던 것 같습니다.

아우슈비츠에서 나는 여러 번 죽을 고비를 넘겼습니다. 앞에서 언급했던 폭력배 감독관, 그를 아우슈비츠에서 또 만나게 됩니다. 그날은 100명의 수감자를 골라내어 다른 수용소로 이감을

---

31 '이스라엘아, 들어라!'. '셔마' 또는 '셰마', '쉐마'로 줄여 부르기도 합니다. 신명기 6:4-9, 11:13-21, 민수기 15:37~41에 나오는 성경 구절을 두루 이르는 말로서, 유대인들이 매일 아침저녁으로 예배 때에 읊는 기도를 말합니다. 이스라엘 사람의 하나님에 대한 열렬한 믿음과 사랑을 표명하는 세 구(節)로 되어있고, 유대교 신앙의 핵심을 이루고 있습니다. 유대교인들은 아이들에게 이 내용을 가르치는 것이 의무 규정이었습니다. _위키백과 참조

보내는 날이었습니다. 나는 '100번' 번호표를 받고 대열의 제일 마지막에 서 있었죠. 그런데 갑자기 그가 이송자들을 구경하려고 서 있던 한 남자를 발로 차서 내가 서 있던 대열에 밀어 넣었어요.

"이 녀석 때문에 101명이 되었어. 야, 100번! 너 대열 밖으로 나가."

졸지에 이송자 대열에 끼어든 그가 나 대신 열차에 올라타게 되었고, 그들은 다른 수용소를 향해 떠났습니다. 어리둥절했죠. 그의 행동은 의도가 있는 연기처럼 느껴졌습니다. 나중에 안 사실이지만, 그날 이송된 100명은 가스실로 직행했던 것이었어요. 내가 모르는 사이에 그는 나의 보호자 역할을 하고 있었던 것입니다. 이유를 물어보진 못했지만, 그가 나를 살려주기 위해 연기를 한 것이라고 지금도 믿고 있습니다. 나는 그의 이름조차 모르지만, 그는 내 목숨을 살려준 은인이었습니다.

얼마 후, 나는 카우페링 제3 수용소로 이송됩니다. 그곳에서 만난 벤셔도 잊지 못해요. 그는 언제나 나에게 '살아남자, 비극적인 시대를 꼭 극복하자, 어떤 상황이 와도 자포자기하지 말자'라고 힘을 주었죠. 돌이켜보면 그도 나를 살린 은인 중 한 사람입니다.

빅터 프랭클

내가 머문 마지막 수용소인 바이에른주의 튀르크하임에서는 발진티푸스[32]를 심하게 앓아 죽을 고비를 넘겼습니다. 사경을 헤매는 중에도 내 머릿속은 틸리와 원고뿐이었죠. 이 상황에서도 책을 완성하지 못하면 어떡하나 고민하고 있다니……. 나는 집필을 포기하기로 결심했습니다.

'책을 쓰는 것이 내 인생에 어떤 의미가 있는가. 고민하되 집착하지 말자.'

집필에 집착하지는 않았지만, 의미를 찾는 고민은 계속했습니다. 그리고 어느 날 그 의미를 마침내 깨달았습니다.

'아브라함이 외아들을 제물로 바칠 결심을 했을 때, 대신 제물이 될 양이 기적처럼 나타나지 않았던가? 나에게 책은 내 정신의 산물을 재물로 바치는 제사와 같은 것이구나! 그렇다면 쓰자. 내 삶의 의미를 기록하자.'

나는 멈추었던 집필을 다시 시작했습니다.

발진티푸스가 사라지자 이번에는 밤마다 호흡곤란이 찾아왔습니다. 정말 죽음이 가까이 다가온 느낌이었죠. 나는 살고 싶었

---

32 세균의 한 종류인 발진티푸스 리케치아에 감염되어 발생하는 급성 열성 질환으로, 한랭 지역의 이(louse)가 많이 서식하는 비위생적인 환경에서 거주하는 사람들 사이에서 발생하며, 역사적으로는 전쟁이나 기근 등이 생길 때 유행하였습니다. 균에 감염된 이의 배설물에 리케치아균이 섞여 나오며, 이는 흡혈 후 약 3~8일 후에 죽게 됩니다. _서울대학교병원 의학정보

고 살아야만 했습니다. 수용소의 주임 의사이자 수감자인 라츠 박사를 찾아가기로 결심하고 목숨을 건 막사 탈출을 시도했습니다. 밤 시간에 막사를 떠나는 건 사형감이었지만, 살아야겠다는 생각밖에 없었습니다. 라츠 박사의 막사까지는 100미터! 망루에서 보초를 서는 병사들에게 발각되면 즉시 총살당할 게 분명했죠. 나는 두 가지 죽음 사이에서 잠시 고민했습니다. 호흡곤란으로 죽을 것인가, 총살당할 것인가. 운 좋게 발각되지 않아 살아날 가능성이 1%라도 있다면 100미터를 기어서 가는 것이 낫다! 나는 목숨을 걸고 100미터를 기었고, 다시 살아났습니다.

3년 동안 나는 테레지엔슈타트, 아우슈비츠, 제3 카우페링 수용소, 튀르크하임 수용소, 네 군데를 거쳤습니다. 그리고 끝내 살아남았습니다.

빅터 프랭클

아우슈비츠

1945년, 4월 27일. 나는 바이에른주의 튀르크하임 수용소에서 마침내 풀려납니다. 내가 머문 마지막 수용소였지요. 하염없이 들판을 걷다가 같은 신세의 한 남자와 대화를 하게 되었죠. 그는 손에 꼭 쥔 작은 구슬 같은 것을 계속 만지작거리고 있었어요.

"소중한 물건인가 보지요?"

그는 손바닥을 펼쳐서 내 눈앞에 내밀었어요. 세상에⋯⋯. 그건 바로 틸리의 목걸이 황금 펜던트였습니다. 지구본을 본떠서 만든 거였죠. 우리가 만난 후 틸리의 첫 생일날 내가 선물한 것이었어요. 빈에서 그 목걸이를 살 때, 보석상 주인은 '세상에 딱 두 개밖에 없는 것'이라고 강조했었죠. 지구의 중심엔 멋진 문장이 새겨져 있었습니다. '지구는 사랑을 중심으로 돈다.'

"제 아내의 목걸이와 똑같군요! 이걸 어디서 구했죠?"

"아우슈비츠 수감자들의 장신구를 모아서 보관하던 창고가 있어요. 거기서 가지고 왔어요."

"제발, 그걸 나에게 팔아요!"

조금의 돈과 펜던트를 바꾼 후, 나는 틸리를 다시 만난 듯 행복했습니다. 틸리! 나의 사랑 틸리! '지구는 사랑을 중심으로 돈다'는 말은 진리였어요. 나의 지구는 틸리의 사랑을 중심으로 돌고 있었습니다.

틸리, 나의 아내 틸리. 이제는 그녀의 죽음에 대해 이야기해야 할 시간이군요. 1945년 가을, 해방이 되고 다시 빈으로 돌아왔을 때, 나는 틸리의 소식을 수소문하고 다녔죠. 그리고…… 끝내 믿고 싶지 않았지만 틸리가 죽었다는 말을 듣고야 맙니다. 눈앞이 노랗게 변하고 숨을 쉴 수 없는 경험을 그때 처음 겪었어요.

틸리는 베르겐 벨젠 수용소에서 죽었습니다. 영국군은 그 수용소에서 3만 4,000구가 넘는 시신을 발견했습니다. 집시들이 밤마다 그곳에 모여 시신의 간을 빼서 요리를 해먹는다는 소문을 나도 들은 적이 있었습니다. 틸리가 그곳에서 죽다니……. 나는 밤마다 집시들이 틸리의 간을 먹는 꿈을 꾸어야만 했습니다.

그렇게 나는 나의 아내 틸리를 가슴에 묻어야 했습니다.

나의 가족들의 운명은 릴케의 표현으로 대신할 수밖에 없어요.

'신은 모든 사람에게, 다른 죽음을 주었다.'

나의 가족이 다른 수용소에서 죽음을 맞았다는 것을 나는 담담하게 받아들여야 했습니다. 나의 어머니는 우리가 아우슈비츠로 떠난 일주일 후, 아우슈비츠의 가스실로 끌려가 그곳에서 돌아가셨다고 합니다. 형은 아우슈비츠에 속한 또 다른 수용소로 이송된 후 광산에서 노역을 하다가 숨을 거두었다고 합니다. 다행히 여동생은 나처럼 살아남았습니다.

나는 고등학교를 졸업할 때까지 밤에 잠을 자면서 꿈을 꾸지 않았던 사람입니다. 하지만 강제수용소에서의 삶은 지금까지도 악몽으로 찾아옵니다.

'여기 오지 말았어야 해. 탈출했어야 해. 미국으로 망명했더라면 그곳에서 로고테라피 이론을 발전시킬 수 있었을 거야. 내 평생의 과업을 다 이룰 수 있었을 거야. 하지만 그렇게 하지 못했어. 그래서 아우슈비츠로 온 거야.'

하지만 나는 알고 있었습니다. 분명 강제수용소는 내가 정신적으로 성숙할 수 있었던 결정적인 시험대였다는 것을. 내가 자주 강조하듯이 자기 초월과 자기 상대화에 있어서 인간이 얼마나 무능한지, 가치가 얼마나 중요한지를 강제수용소에서 확인했죠. 나의 경험적 지식은 '의미에 대한 의지'나 자기 초월을, 자기 자신을 초월한 무엇인가를 지향하는 인간 존재를 확인하게 해주었습니다.[33] 환경의 조건이 같더라도 미래를 지향하는 사람, 미래에 충족될 의미를 지향하는 사람은 반드시 살아남기 마련입니다. 미군에서 의사로 근무했던 나르디니와 리프턴도 일본과 북한의 포로수용소에서 똑같은 상황을 경험했다고 고백한 적이 있습니다.

내가 끝내 살아남을 수 있었던 이유를 한 가지만 말하라고 한다면, 잃어버린 원고를 다시 쓰고야 말겠다는 의지가 있었기 때문이라고 답하겠습니다. 발진티푸스를 앓았을 때, 독소혈증[34]을 이겨내기 위해 밤새 한숨도 잘 수 없는 상황에서 나는 책을 완성할 때까진 살아남자고 결심했습니다.[35] 나의 40번째 생일에 수용소에서 만난 친구가 몽당연필과 아주 작은 종이 두 장(나치 친위대의 문서 용지)을 구해와서 선물로 주었죠. 심장이 마구 뛰더군요. 빠른 속도로 머릿속에 떠오르는 생각들을 써내려가기 시작했습니다. 덕분에 나는 책을 다시 쓰겠다는 의지를 다지게 되었습니다.

---

33 생존 가치(survival value)를 확인하게 되었다고 프랭클은 표현합니다.

34 세균의 독소가 혈액 속에 들어와 온몸에 증상을 나타내는 병. 디프테리아균, 파상풍균이 원인입니다.

35 수용소 안에서 시작된 책 쓰기는 해방된 후 불과 9일 만에 초고가 완성됩니다. 이 책의 독일어판 제목은 『한 심리학자의 강제수용소 체험기(Die Psychotherapie in der Praxis)』였고, 영어판 제목은 『인간의 의미 탐구(Man's Search for Meaning)』였습니다. (한국에서는 『죽음의 수용소에서』라는 제목으로 출간)

종이는 단 두 장이었지만, 표제어를 중심으로 기록했습니다. 그 덕에 아우슈비츠에서 분실한 원고를 훗날 다시 쓸 때 초고보다 훨씬 더 많은 예를 들어가며 구체적인 내용을 기술할 수 있었습니다. 이 책의 부록으로 첨가한 '강제수용소의 심리학'은 수용소 안에서 준비된 것이었습니다.[36]

나는 네덜란드 라이덴에서 열린 심리치료 국제 학술대회 (1953년 암스테르담 학회)에서 이런 고백을 한 적이 있습니다.

"나는 우리 삶을 에워싼 온갖 고통을 객관화하면서 거리를 두고 바라보려고 최선의 노력을 다했습니다. 지금도 떠오르는 일이 있습니다. 어느 날 아침, 지독한 배고픔과 혹독한 추위 속에서 행진을 해야 했습니다. 퉁퉁 부어오른 발은 꽁꽁 얼어서 신발 끈이 묶이지 않았습니다. 더 이상 희망도 없고, 나를 위로해 줄 존재도 없었습니다. 그때였습니다. 밝고 따뜻하고 웅장한 대강당의 단상 위에 서 있는 내 모습이 상상 속에 그려졌습니다. 나는 호기심 가득한 눈빛으로 집중하고 있는 청중들 앞에서 '강제수용소에서의 심리치료 경험'이라는 주제로 강의하고 있었습니다. 수용소에서 겪은 모든 경험을 이야기하고 있었습니다. 상

---

[36] '수용소의 심리학'은 이 책의 부록으로 첨가된 원고인데, 자서전과는 분리하여 더욱 상세하게 보충 설명을 덧붙일 필요가 있어 독립된 책으로 출간할 계획입니다. _박상미

상 속의 풍경이었죠. 여러분! 그 상상이, 오늘 현실이 되리라고는 감히 바라지 못했습니다. 하지만 오늘 나는 '강제수용소에서의 심리치료 경험'이라는 제목으로 강연을 하고 있군요."

3년간 수용소를 전전하면서도 나는 끝내 살아남았고, 살아남은 의미를 기록해야만 했습니다.

죽은 당신들이 나를 찾아온다.

당신들은 내게 말한다.

우리를 위해 살아달라고.

삶에 대한 의무감이 나를 에워싼다.

그래서 나는 당신들을 죽인 그들을 죽일 수가 없구나.

붉게 타오르는 태양 속에도

나를 응시하는 당신들의 눈빛이 있다.

푸른 숲속에도

내게 손짓하는 당신들이 있다.

당신들이 빌려준 목소리로

지저귀는 새들이 나에게 말한다.

당신들이

내 목숨을 살려주었다는 것을.

(1946년, 프랭클의 시)

빅터 프랭클

연대책임에 대하여

수용소에서 풀려난 이후 나의 삶은 이전과 모든 것이 너무나 달라져 있었습니다. 나는 누구도 원망하지 않았습니다. 언젠가 텍사스주 오스틴시의 시장이 나를 명예 시민으로 선정했을 때, 나는 이렇게 감사의 말을 전했습니다.

"저는 명예 시민이 될 자격이 없습니다. 오히려 시장님을 명예 로고테라피 심리학자로 선정해야 옳을 것 같습니다. 텍사스 군인들이 유대인들을 튀르크하임 수용소에서 구해주지 않았다면 1945년 이후에 빅터 프랭클이라는 존재는 세상에 없었을 것입니다. 또한 로고테라피도 없었을 것입니다."

인사가 끝나자, 시장은 뜨거운 눈물을 흘렸습니다.

해방 후 다시 빈으로 돌아왔을 때, 나는 많은 질문에 시달려야 했습니다.

"왜 빈으로 돌아오셨나요? 빈은 당신과 당신의 가족을 보호해주지 못했는데요. 아무것도 해준 게 없지 않습니까?"

나는 답했습니다.

"아버지는 테레지엔슈타트 수용소에서, 어머니는 아우슈비츠 가스실에서, 형도 아우슈비츠에서, 아내는 베르겐 벨젠에서 죽었습니다. 하지만 나에게 누가, 뭘 해주어야 한다고 생각지 않습니다. 빈은 목숨이 위태롭던 내 사촌 여동생을 수년간 자신의 집에 숨겨주었던 카톨릭 신자 남작 부인이 살고 있는 곳입니다. 그리고 겨우 얼굴을 아는 사이인데도 불구하고, 나에게 아무런 대가를 바라지 않고 기회만 생기면 몰래 먹을 것을 우리 집에 가져다주던 사회주의자 변호사[37]가 있었습니다. 내가 빈으로 돌아오는 데, 다른 어떤 이유가 있어야 할까요?"

연대책임[38]에 대해 말하는 사람들도 자신의 주장에 대한 정당성을 설명하지는 못했습니다. 나는 연대책임에 대해 반대하는 사람입니다. 나는 책에 이런 말을 쓴 적이 있습니다.

---

37 브루노 피터만(Bruno Pittermann)에 대한 일화. 그는 훗날 오스트리아의 부총리(1957년~1966년)가 되었습니다.
38 연대책임(連帶責任)은 책임 당사자만이 아니라 같은 집단 내에 다른 사람들까지도 함께 책임을 지는 것을 의미하는 용어입니다.

"내가 마지막에 있었던 수용소의 소장은 나치 친위대였다. 해방되던 날, 수용소에서 수감자들을 진료하던 수용자 신분의 의사가 비밀을 말해주었다. 그동안 소장이 약국에서 수감자들에게 필요한 의약품을 사라고 자신에게 몰래 돈을 주었다는 내용이었다! 뒷이야기도 있었다. 해방 이후, 상황이 역전되었을 때 유대인들은 수용소 소장을 어떻게 대했을까? 미국군에게 잡혀가지 않도록 숨겨주었다. 그리고 미국 사령관에겐 그의 안전을 보장하겠다고 약속해야만 소장을 인계하겠다는 조건을 내걸었다. 사령관이 군의 명예를 걸고 약속하자 유대인들은 소장을 인계했다. 사령관은 그를 다시 수용소 소장으로 임명했고, 소장은 마을로 가서 모아온 옷가지와 생필품을 유대인들에게 나누어주었다."

다시 한번 강조하지만, 나는 연대책임에 반대합니다. 악을 악으로 갚으면 불행의 역사는 끝나지 않습니다. 상대가 나치주의자라도 개인 대 개인으로서는 얼마든지 그를 변호하고 숨겨줄 수 있다고 주장합니다. 하지만 그 당시에는 유대인들이 나의 주장을 상당히 불편해했죠. 비공식적인 비난을 나에게 퍼붓는 단체들도 있었습니다. 그럼에도 불구하고, 나는 히틀러 소년단에서 명예 훈장을 받을 정도로 나치에 충성했던 동료를 내 집에 숨겨주기도 했어요. 경찰은 그를 국민재판에 세우기 위해 추적 중이었죠. 그 친구가 재판정에 서게 될 경우 운이 좋으면 무죄를 받겠지만, 사형 선고를 받을 확률이 훨씬 높았어요. 나는 그를 보호해줄 수밖에 없었습니다.

1946년, 프랑스 점령 지역에서 열린 강연회에는 프랑스군 대장도 참석했는데, 그곳에서도 나는 연대책임에 반대하는 주장을 펼쳤습니다. 그다음 날 친위대 장교였던 한 대학 교수가 찾아왔습니다. 그는 울먹이며, 연대책임을 당연시하는 사회 분위기에서 어떻게 공식적으로 반대할 용기를 내었는지 내게 물었습니다.

"연대책임을 물을 자격이 그들에겐 없습니다. 내 가족이 수용소에서 죽었으며, 나는 그들의 포로였고, 수감 번호 119104번 죄수였기 때문에 내겐 반대할 자격이 있습니다. 얼마든지 그 역할을 내가 맡겠습니다. 그건 나의 의무예요."

빅터 프랭클

다시, 빈에서

수용소에서 풀려난 뒤, 내가 처음으로 만난 사람은 피츨 교수였습니다. 나치에 협력했던 과거 때문에 피츨이 무사할지 걱정되었기 때문이죠. 피츨을 찾아가던 길에 틸리가 수용소에서 죽었다는 소식을 들었기에, 나는 피츨 앞에서 처음으로 통곡했어요. 피츨은 진심으로 나와 함께 슬퍼해주었지만, 나는 피츨에게 아무런 도움이 되지 못했습니다. 피츨은 바로 그날 해임되고 말았으니까요. 17년 동안 일한 자리에서 쫓겨난 날, 피츨은 자신보다 나를 걱정했습니다. 내가 자살이라도 할까 봐 걱정했던 것이지요.

피츨의 친구인 피터만도 마찬가지였습니다. 그가 종이 한 장을 들고 와서 '우선 이 종이에 서명을 좀 해달라'고 재촉해서 경황없는 중에 서명을 했지요. 나중에 알고 보니 그건 빈 대학병원 신경과 과장 자리에 지원하는 응시 원서였습니다. 그 후 25년 간, 나는 빈 대학병원 정신과의 책임자로서 환자를 돌보게 되었습니다.

빈으로 돌아온 지 얼마 되지 않았을 때 친구 폴락Paul Polak을 찾아갔습니다. 그는 참 선한 사람이어서 누구보다 나의 이야기를 잘 들어줄 사람이었죠. 나의 삶을 누구보다 잘 이해해줄 사람이 폴락이었습니다. 그에게 어머니, 형, 그리고 아내 틸리가 죽었다는 소식을 알렸어요. 그날 그 장면이 지금도 선명해요. 나는 또한 번 통곡하면서 그에게 말합니다.

"너무 고통스럽네. 하지만 극심한 고통일지라도 그 자체로 의미가 있다고 생각하네. 삶이 내게 뭔가를 요구하는 듯한 느낌이 들어. 내가 발견해야 하는 그 무엇인가가 결정되어 있는 듯한 느낌이 들어."

내 마음속에 있는 것들을 다 쏟아내고 나니 마음이 한결 나아졌습니다. 그는 아무 말 없이 내 이야기를 가만히 듣고만 있었지만, 나는 충분히 위로받은 기분이었습니다.

푀츨에 이어 빈 대학병원 정신과 과장이 된 오토 카우더스는 나에게 서둘러 책을 집필하고 대학 교수 자격 논문으로 제출하라고 권유해주었습니다. 그 당시에 내가 의미를 두고 할 수 있는

빅터 프랭클

유일한 일이 책을 완성하는 것임은 분명했습니다.

나는 미친 듯이 집필에만 몰두했습니다. 속도를 내기 위해서 세 명의 속기사를 고용했고, 그들은 쉴 새 없이 나의 말을 받아쓰기 시작했습니다. 셋이 교대로 속기와 타자기로 받아 적으니 속도가 붙기 시작했습니다. 가구가 거의 없고 유리 대신 두꺼운 종이로 창을 막아두어 햇빛이 들지 않는 방에서, 수용소에서 내 머릿속에 기록한 내용들을 구술로 다 풀기 시작한 것이었습니다. 어떤 자료도 없이, 오직 내 안에 있는 것들이 끝없이 쏟아져 나오는 동안 나는 방 안을 서성거렸습니다. 가끔 구술을 멈추고 몸도 마음도 탈진해서 의자에 겨우 걸터앉아 펑펑 울기도 했습니다. 수용소에서의 삶을 구술하다 보면 수시로 고통스러운 기억들이 나를 엄습해왔습니다.

9일 만에 책이 완성되었습니다. 출판된 이후, 미국에서는 100만 부가 판매되었습니다. 나의 솔직한 고백을 마음껏 쏟아내기 위해서 익명으로 책을 출판할 계획이었습니다. 한동안 초판 표지에 내 이름이 없었던 이유입니다. 친구들은 나에게 용기를 내라고 꾸준히 나를 설득했어요. 결국 나는 그들의 부탁을 수락했습니다.

내 이름조차 밝히지 않으리라 마음먹고 집필한 책이, 대중에게 이토록 많은 사랑을 받으리라고는 상상치 못했죠. (『인간의 의

미 추구』, 한국어판『죽음의 수용소에서』) 미국의 거의 모든 대학에
서 필독서로 선정되고, '올해의 책'으로 다섯 번이나 선정되었습니
다. 특히 미국 청소년들이 내 책을 정독하고 깊은 감동을 표현
하는 것을 발견할 때면, 나 또한 감동을 받았습니다.

어느 수도원 식당에서는 점심시간에 내 책을 낭송하는 시간
이 있었고, 어떤 성당에서는 주일 미사 중에 내 책을 낭독했다고
합니다. 어느 수녀원에서는 성서를 읽을 때 사용하는 책갈피에
내 책의 글귀를 넣어서 인쇄했고, 어느 대학의 철학과 교수는 학
생들에게 이런 과제를 냈다고 합니다.

'소크라테스와 프랭클이 감옥에서 만난다면 어떤 대화를 했
을까?'

강제수용소에서 겪은 체험 수기, 그리고 체험에서 건져 올린
로고테라피 이론 요약을 책에 함께 실은 데는 의도가 있었습니
다. 강제수용소에서 겪은 삶의 체험이 인간의 실존을 증명하는
데 큰 역할을 했다는 것을 증명하기 위해서는 두 가지가 모두 필
요했기 때문입니다. 체험에서 건져 올린 로고테라피를 설명하
기 위해서, 체험과 이론이 서로를 보완하는 역할을 하도록 한 것
이죠.

빅터 프랭클

언젠가 책에 저자 사인을 하면서 이 문장을 '헌사'로 써준 적이 있습니다.

"피로 글을 쓰는 것은 쉽다. 하지만 내 피로 글을 쓰는 것은 어렵다."

나에게 책이란 나의 피로써 내 삶의 의미를 기록한 것이고, 그것을 발견해준 독자들이 많았기에 베스트셀러가 될 수 있었던 것이 아닐까요.

샌프란시스코 근처의 악명 높은 샌 퀜틴 교도소의 수감자들이 만드는 신문에 감동적인 책 리뷰가 실렸습니다. 수감자가 쓴 것이었죠.

"프랭클은 자신의 삶을 글로 쓰는 사람이며, 글처럼 사는 사람이다."

지금도 이 책이 광고나 로비의 도움 없이 꾸준히 대중의 사랑을 받고 있다는 사실이 참으로 행복하고 감사합니다. 책이 출판될 수 있었던 것은, 내 책을 잘 보완해준 올포트 덕분이었습니다. 첫 문고판의 저작권료는 200달러에 불과했어요. 처음 책을 출판했을 때 어찌나 안 팔리던지, 계속 출판사가 바뀔 수밖에 없었죠. 그러나 책에는 운명이 있는 법! 마지막에 이 책을 출간한 출판사가 '베스트셀러'를 만든 주인공이 됩니다.

마지막으로 가장 중요한 얘기를 덧붙여야겠군요. 나의 모든 책이 출간하자마자 인기가 있었을까요? 아닙니다. 출판사 사장들이 이 책의 판권을 샀는지 안 샀는지, 과거에 출판한 적이 있는지 없는지조차 기억하지 못할 정도로 존재감이 없는 책이었어요. 웃을 수밖에 없는 일화도 있어요. 포르투갈인 출판사 사장이 『인간의 의미 추구』라는 책을 포르투갈어로 번역하여 출간하고 싶다는 간절한 편지를 보내온 적이 있어요.

"번역은 안 하셔도 돼요. 이미 몇 년 전에 이 책을 출간하셨으니까요."

출판사 사장이 기억조차 못 할 정도로 초판의 판매 실적은 세계적으로 낮았어요. 노르웨이에 있는 한 출판사도 마찬가지였어요. 책을 출판하고 싶다는 간절한 요청을 보내왔을 때, 이미 몇 년 전에 프랭클의 책이 그 출판사에서 출간되었다는 사실을 우리가 알려주어야 했으니까요.

내가 첫 책의 원고를 안고 출판인 도이티케를 찾아간 것은 참 잘한 일이었어요. 그는 좋은 원고를 알아보는 귀인이었죠. 프로이트의 첫 책을 출간한 사람이기도 하니까요.

그 후 내가 쓴 책들은 24개 언어로 번역되었고, 여전히 사랑을 받고 있습니다. 덕분에 제3 빈 학파인 로고테라피가 창립할 수 있었습니다. 토렐로는 로고테라피에 대해 이렇게 정의했습니다.

'심리치료의 역사 속에서 로고테라피는 모든 심리치료를 포괄하는 최종적인 시스템입니다.'

나는 늘 맑고 깨끗한 형식을 찾으려고 노력했습니다. 수정처럼 투명해지도록 갈고닦아서, 형식을 초월해 빛나는 진실이 드러나기를 바랐습니다.

나의 글쓰기

강연을 하는 것은 쉽지만, 글을 쓰는 것은 힘든 일이었습니다. '희생'이 필요했으니까요. 나는 등산을 아주 좋아하는 사람이지만, 휴일에도 책상에 앉아서 원고를 쓰고 수정하고 퇴고하기를 멈추지 않았습니다.

나의 두 번째 아내, 엘리는 나의 저술 작업에 최선을 다해 동참해준 사람입니다. 내가 작가로서 세계적인 명성을 얻게 된 것은 엘리의 노력 덕분이었습니다. 나보다 고생을 더 많이 했으니까요. 내가 머리로 일을 한다면 엘리는 가슴으로 일을 했지요. 양과 질, 모든 측면에서 엘리는 나의 부족한 점을 보완해주었어요. 나의 강연 여행에 늘 동반하는 엘리를 보고 니들먼Jacob Needleman 교수는 '환한 빛이 나는 따뜻함을 가진 사람'이라고 표

빅터 프랭클

현했죠. 참으로 적합한 표현이었어요.

　나는 원고 한 페이지를 열 번 이상 수정할 때도 있고, 문장을 수정하느라 세 시간 동안 원고와 씨름하기도 하죠. 구술로 책을 쓸 때에는 옆에서 사람이 죽어도 모를 정도로 집중해서 시간이 가는 것을 전혀 느끼지 못하기도 합니다. "30분 후에는 차를 타고 출발해야 해요. 잊으면 안 돼요!"라고 엘리가 수차례 말해주어도 나는 그 말을 듣지 못한 채 침대에 누워서 녹음기 마이크를 들고 일장 연설을 하고 있기도 하죠. 그럴 때면 엘리는 나의 상태를 눈치채고 조용히 내 앞에 와서 나를 바라봅니다. 나는 엘리에게 말해요.

　"엘리, 쉼표 찍고, 목욕물을 좀 받아줘요. 다음은 느낌표 찍을 차례!"

　엘리가 박장대소를 터트린 후에야 정신이 현실로 돌아와서, 내가 무슨 말을 했는지 깨달을 정도로 원고 작업에 몰두했습니다.

　어쨌든 중요한 것은 로고테라피 이론을 체계화하는 것이었습니다. 그 이론을 의료 현장에서 사용할 수 있는 방법을 찾고 싶었습니다. 나의 청중과 독자들은 '이론을 몰랐고 의식하지 못했지만 항상 로고테라피를 실천해왔다'고 고백합니다. 그 고백은 로고테라피가 옳다는 것을 고백하는 것이기도 합니다. '역설의도'처럼 기술적인 치료법을 체계화하는 것도 중요합니다. 나는 『스위스 신경정신의학학회보』에 로고테라피 기술을 언급한 논문을 처음으로 게재했습니다. 하지만 1939년부터 비슷한 연구를 한 학자들이 있었기에, 내 논문에 선행 연구자들의 이름을 모두 기재했습니다. 그 연구자들 또한 체계나 방법론은 없었지만, 이미 실천을 하고 있었기 때문입니다.

나의 책과 논문

나의 책과 논문이 발표될 때마다 독자들의 반응이 쏟아졌습니다. 특히 미국의 독자들이 편지를 많이 보내왔는데, 읽을 때마다 나는 큰 감동을 받았어요. 대부분 '프랭클 박사님의 책을 읽고 내 인생이 완전히 바뀌었다'는 내용이었어요. 2차 세계대전이 끝난 직후에 카우젤이라는 기술자가 나를 찾아왔습니다.

"저는 카우젤입니다. 혹시, 신문에서 저에 대한 기사를 보셨는지요?"

아! 카우젤! 여자 한 명을 잔인하게 살해한 죄로 구속되어 교도소에서 복역하던 중, 뒤늦게 진범이 잡혀서 최근에 석방된 카우젤이었습니다. 그에 대한 뉴스를 나 또한 언론에서 보고 알고 있었는데 그가 나를 찾아온 것이었어요.

"아……. 알아요. 카우젤 선생! 내가 무엇을 도와줄까요?"

"전혀 없어요. 저는 오직 선생님께 감사 인사를 드리기 위해서 찾아왔어요. 수감돼 있을 때 저는 모든 희망을 버렸어요. 절망했죠. 내가 아무리 무죄를 주장해도 믿어주는 사람이 아무도 없었죠. 누명을 벗을 확률은 없다고 자포자기 상태에 빠져 있었어요. 그때, 누군가가 박사님 책을 내 방에 넣어주었어요. 책을 읽으면서 저는 살아났죠. 다시 살기로 결심했어요."

"아……. 좀 더 자세한 이야기를 들려주세요!"

"'태도가치'를 실현하는 게 중요하다는 것을 깨달았죠.[39] 로고테라피가 저를 살렸어요. 하나하나 마음에 새기고 실천하면서 도움을 받았어요."

내가 책을 쓰길 참 잘했다는 확신을 갖게 되었죠.

아시아 독자 중 한 사람도 기억납니다. 독재가 기승을 부리던 그 나라에서 민주화 운동을 하던 정치인이었는데, 독재자에 반대한 죄로 교도소에 갇혀서 오랜 시간 동안 수감 생활을 한 사람이었습니다. 〈뉴스위크〉와 인터뷰를 하게 되었을 때 기자가 물었습니다.

---

[39] 태도가치: 피할 수 없는 시련에 대해 어떤 태도를 취하기로 결정함으로써 얻을 수 있습니다. 나의 운명, 고뇌에 대해 좋은 태도를 선택함으로써 얻는 의미입니다. 죽음을 눈앞에 둔 상황에서도 타인을 배려하는 태도입니다. 아무리 괴롭고 힘든 상황에 처해 있더라도, 모범적이고 고결한 행위를 실천할 수 있다는 것입니다. _이시형·박상미, 『내 삶의 의미는 무엇인가』

"독방 생활을 오래 하셨는데, 그 고통을 어떻게 견딜 수 있었습니까?"

"내 어머니께서 독방에 책을 한 권 넣어주셨어요. 빅터 프랭클이라는 정신과 의사가 쓴 강제수용소에서의 체험 수기였습니다. 그 책 덕분에 용기를 얻을 수 있었어요."

철학자들과의 인연

나는 하이데거Martin Heidegger와의 만남, 그와 나눈 대화가 가장 기억에 남습니다. 하이데거가 나를 만나기 위해 빈으로 찾아온다고 했을 때 적잖이 긴장이 되었죠. 하지만 그를 만났을 때 우린 서로 너무나 반가워했고, 편안한 대화를 즐길 수 있었어요. 그는 나를 만난 소감을 이렇게 기록했어요.

'아름답고 교훈적이었던 만남을 기억하겠습니다.'

빈의 '호이리겐'이라는 레스토랑에서 하이데거와 대화하고 사진을 함께 찍었는데, 그 사진 밑에는 이렇게 적었습니다.

'흘러간 것은 가고, 과거의 것은 다시 온다.'

흘려보내야 할 일들은 역사 속으로 흘려보내고, 의미 있는 과거는 기억하고 기록해야 한다는 의미였을 겁니다. 역사에 대한

빅터 프랭클

우리의 입장은 거의 일치했어요.

하이데거가 나를 비판한다면 기꺼이 받아들이겠다고 생각할 만큼 나는 하이데거를 높이 평가합니다. 하이데거처럼 훌륭한 석학이고 하지만 타인에게 관대하고 언제나 긍정적인 인품을 지닌 사람들이 있습니다. 철학자들 중에는 빈스방거Ludwig Binswanger, 야스퍼스Karl Jaspers, 마르셀Gabriel Marcel도 그런 사람입니다.

야스퍼스를 만나기 위해 바젤에 찾아갔을 때, 그는 이런 말을 했습니다.

"나는 프랭클 박사의 책을 모두 다 읽었어요. 내 책장에 있는 당신 책이 보이죠? 수용소 시절에 대해 쓴 글은 인류 역사상 가장 위대한 책 중 하나라고 생각합니다."

마르셀은 수용소 체험을 쓴 내 책이 프랑스에서 출간될 때, 기꺼이 서문을 써주었던 사람입니다.

전 세계, 강연 여행을 떠나다

나는 전 세계로 강연 여행을 다녔습니다. 나는 강연을 하는 것이 무척 즐겁습니다. 물론 준비 과정은 어렵지요. 빈 대학 600주년 기념행사로 열린 학술대회에 초대받았을 때 준비한 강연 원고 분량은 무려 150페이지였죠. 보고 읽느냐고요? 사실 강연이 시작되면 원고를 한 번도 보지 않고 청중들에게만 집중하죠. 나는 항상 자유롭게 이야기하는 것을 좋아했습니다.

나는 영어로도 자유롭게 강연하기 시작했습니다. 영어도 유창했느냐고요? 그건 말하고 싶지 않군요.

미국, 캐나다 강연을 다닐 때, 나와 엘리는 레스토랑에서 자유롭게 독일어로 대화했어요. 우리가 독일어로 말할 때 알아듣는 사람이 없을 거라고 생각하고 하고 싶은 말을 다 했죠. 몬트

빅터 프랭클

리올의 한 카페에서 있었던 일이에요. 옆 테이블에 신사 한 명이 앉아 있었는데, 테이블과 수저를 닦고 또 닦고 있더군요. 노이로제 증상처럼 보였죠. 나는 엘리에게 독일어로 말했어요.

"전형적인 노이로제 증상이야. 박테리아 공포증이 심한 거 같아 보여."

차를 마신 후 카페를 나서기 전, 내 외투를 어디에 두었는지 도무지 찾을 수가 없어서 우왕좌왕하고 있을 때였어요. 그때, 그 캐나다인이 아주 정확한 독일어로 내게 묻더군요.

"찾는 게 뭐죠? 제가 도와드릴까요?"

그 남자는 내 말을 다 알아듣고 있었던 거예요. 내가 내린 진단도 알아들었겠죠?

해외 강연을 다니다 보면 재미있는 경험을 많이 하게 됩니다. 캘리포니아에서는 한 소년이 내가 어디서 왔는지 너무나 궁금해하더군요.

"난 오스트리아 빈에서 왔단다. 빈이 어디에 있는지 아니?"

"아니요."

나는 친절하게 설명해주고 싶었어요.

"왈츠에 대해선 들어보았지? 왈츠의 도시 빈에서 왔단다."

"저는 아직 춤을 배워보진 못했어요."

"그럼 비너슈니첼Wiener schnitzel에 대해선 들어보았지? 빈의 음식이란다.”

“네, 들어보긴 했어요. 아직 왈츠를 춰본 적이 없으니 춤부터 배워야겠네요.”

여행에서 만나는 어린아이들과의 대화는 이렇게 늘 웃음을 주었죠.

지금까지 아메리카, 오스트레일리아, 아시아, 아프리카의 대학에서 200회 이상 강연을 한 것 같습니다. 유럽은 제외하고 말이죠. 미국에서도 100회 이상 강연을 했군요. 아내 엘리와 함께 전 세계를 돌아다녔죠. 강연을 요청하는 곳이 많아서 늘 시간이 촉박했어요. 하루 한 번, 매일 강연을 하면서 도시를 옮겨 다녔죠. 2주 동안 강연을 하면 하루를 벌 수 있었어요! 동쪽으로 옮겨가면 하루를 벌 수 있기 때문에 14일 동안 15회의 강연을 할 수 있다는 사실! 도쿄에서 강연을 하고 바로 비행기를 타서 태평양을 건너면, 호놀룰루에서 같은 날짜에 저녁 강연을 할 수 있었죠. 이런 경험도 우리는 즐겁기만 했습니다. 그래서 우리는 이를 ‘세계 강연 여행’이라고 불렀지요.

책을 읽고 많은 분들이 감사 인사를 전해왔고 항상 감동을 받았지요. 드와이트 데이비드 아이젠하워 전 미국 대통령의 부인도 기억에 남는 애독자입니다. 우리 부부를 워싱턴 D.C 근교에

빅터 프랭클

있는 저택으로 초대해주셨죠. 내 책을 읽고 큰 감동을 받았기에 꼭 초대하고 싶다고 초대 소식을 전해왔습니다. 나중에 들은 이야기입니다만, 그분은 우리 부부를 만나는 것이 너무 떨리는데 어떻게 준비하면 좋겠느냐고 주치의에게 의논할 정도였다고 해요. 주치의는 평범하고 편한 사람들이니 아무 준비를 하지 않아도 된다고 안심을 시켰다고 하더군요.

그녀는 진심으로 우리 부부를 환대해주었어요. 자신이 빈을 방문했을 당시의 모습을 담은 영상을 상영하도록 했고, 빈의 명소들을 독일어로 외우고 있었죠. 우리 부부를 맞이하면서 어떤 격식도 차리지 말고 자신을 '마미'라고 불러달라고 부탁하더군요. 집 안에 있는 장식물을 하나하나 짚어가며 어느 왕족으로부터 받은 선물인지 일일이 설명해주었고, 남편은 어떤 사람이었는지, 약혼할 당시의 이야기, 받은 선물에 대한 이야기까지 절친한 사람들을 대하듯 편하게 해주었어요. 퍼스트레이디가 그토록 소박하고, 진실하고, 겸손한 모습으로 손님을 대하는 모습은 매우 감동적이었습니다.

강연을 다니다 보면 여러 도시와 친해지고 좋은 사람들을 사귀게 되지요. 청년 사업가들이 로마에서 워크숍을 열었는데, 당시에 가장 영향력 있는 인기 스타 세 명을 초빙하는 자리라고 했죠. 우주비행사 쉬라, 오스트리아 황제의 아들 합스부르크, 의사 프랭클 세 명이 초대된 자리였어요. 내가 그 세 명 중에 끼었다는 건 참 의미 있는 일이었죠.

사실 미국인들은 강연자의 몸값, 즉 강사료에 따라 강연자의 능력을 평가합니다. 나는 강연료를 1만 달러까지 받는 사람입니다. 너무 고액이라고요? 제 입장을 밝히고 싶군요. 나는 진심으로 돈 자체에는 별 관심이 없어요. 돈을 많이 버는 데는 관심 없습니다. 돈을 소유한다는 것의 진정한 의미를 내게 묻는다면, 나는 이렇게 답하겠습니다.

'돈을 소유한다는 것은 돈이 없어서 고통을 겪는 일을 예방할 수 있기 때문에, 돈을 생각하지 않아도 된다는 이점이 있습니다.'

어린 시절에는 돈을 좋아했습니다. 여동생 슈텔라가 어른들에게 용돈으로 10헬러를 받으면 나는 그것을 빼앗기 위해서 거짓말도 했어요.

"너 편도선이 부었구나! 내가 하나도 아프지 않게 편도선 수술을 해서 낫게 해줄게! 눈을 감아!"

순진한 동생은 나에게 편도선 수술을 맡겼고, 나는 속임수를 썼지요. 왼손엔 빨간 구슬을 감싸 쥐고, 오른손엔 가위를 쥐고 다가가서 동생의 목구멍에 갖다 대고 수술하는 시늉을 했죠.

"성공이야! 눈을 떠!"

왼손을 펼쳐서 빨간 구슬을 보여주며 '잘라낸 편도'라고 말하고 수술비는 10헬러만 받겠다고 너스레를 떨었죠. 그러면 순진한 슈텔라는 고마워하며 10헬러를 내게 건넸답니다. 어린 시절엔 이렇게 돈을 좋아했었답니다.

사람들은 말하죠. 시간이 금이라고. 내게 시간은 금보다 귀합니다. 한번은 코넬 대학의 총장이 제안을 해왔어요. 코넬 대학에 잠시 체류하면서 강의를 하면 9,000달러를 주겠다는 것이었어요. 저는 정중히 거절했죠. 총장이 물었어요.

"너무 적나요?"

"천만에요. 큰돈입니다. 하지만 9,000달러로 살 수 없는 게 시간이에요. 저에게 사고 싶은 게 있는지 묻는다면 시간입니다. 마음껏 연구할 수 있는 시간이요. 9,000달러를 줘도, 아니 그보다 많은 돈을 주어도 제 시간을 팔고 싶지 않아요."

나는 강연료를 1만 달러나 받는 고액 강사이기도 하지만, 사례금을 받지 않는 무료 강의도 마다하지 않는 사람입니다. 정말로 의미 있는 강연이라는 확신이 드는 경우라면 사비를 들여 먼 곳까지 가서 무료 강연을 합니다. 예를 들어, 캐나다 오타와 대학 학생회에서 강사 초대 예산이 부족해 내 강연을 취소하려 한다는 소식을 들었을 때, '내 강연료를 억지로 마련하려고 애쓰지

마라. 나는 강연료를 포기할 준비가 되어 있다. 내가 경비를 충당해서라도 가겠으니 걱정마라'라는 답신을 보내고, 말대로 실천했습니다.

내 강연의 영향력은 상당히 컸던 것 같습니다. 장소와 대상이 정해지면 청중의 눈높이에 맞춰서 강연을 준비했습니다. 한번은 빈 대학에서 일반 대중을 위한 쉬운 강연을 요청했는데, 예상보다 너무 많은 대중이 몰려와서 강연 시간이 매우 지체된 적도 있었답니다. 예정된 강의실에 청중을 다 수용할 수가 없어서 큰 강의실로 옮겼으나, 그곳에도 청중은 다 들어갈 수가 없었죠. 결국 학교에서 가장 큰 공간인 대연회장으로 옮기고 나서야 강연을 진행할 수 있었습니다. 1947년엔 일반 대중을 대상으로 강연을 열면서 주최측이 처음부터 큰 공간인 빈 콘서트홀을 대관해서 청중을 입장시켰으나, 턱없이 부족했죠. 결국 강연을 두 번 연달아 진행해야 했어요. 청중들의 입소문은 영향력이 커서 내 강연이 널리 널리 알려지고 있었습니다.

나의 책『인간의 의미 추구』는 북미에서 인기가 날로 높아져서 워싱턴 미국 의회 도서관이 '미국에서 가장 영향력 있는 책 TOP 10' 중 한 권으로 선정했을 정도였습니다.

라틴아메리카에선 정말이지 상상하기 힘들 정도의 환대를 받았습니다. 아내 엘리와 내가 산후앙(미국령 푸에르토리코의 수도)에 도착한 날의 일입니다. 공항에서 환영식을 열기로 했고, 승무원들은 안전한 이동을 위해 나와 엘리가 먼저 내려서 통로를 통해 빠져나가도록 안내했죠. 승객들은 비행기 안에서 잠시 대기하도록 했습니다. 우리는 시키는 대로 했어요. 하지만 통로에 들어서자 경찰이 우리를 막아서 출구로 갈 수가 없었어요. 경찰은 한참 동안 우리를 잡아두었죠. 귀한 손님의 환영회가 열릴 것이니 나가지 말고 대기하라는 것이었어요. 프랭클 부부가 이 비행기에 탔고, 언론들이 비행기에서 내리는 프랭클 부부를 촬영해야 하는데 그들이 아직 나오지 않았다는 것이었어요. 내가 프랭클이라는 것을 증명하고 나서야 경찰은 우리를 풀어주었어요. 기분 나쁘지 않았냐고요? 그럴 리가요. 우리 부부는 전혀 특별해 보이지 않는 사람들이니까요.

라틴아메리카의 한 나라에서는 하루에 세 번, 두 시간짜리 강연회를 열게 되었는데 영부인이 온종일 3회를 다 듣겠다고 한 적이 있었죠. 어떤 분일지 궁금했어요. 대통령 부부가 나의 책을 모두 다 읽었으며, 나를 아침 식사에 초대해서 자기 나라의 상황에 대한 조언을 듣고 싶다고 하더군요. 만남은 참으로 뜻깊었습니다. 강연 여행은 환대와 감동의 경험이었어요. 하지만 나는 세계 강연 여행에서 겪은 일화들을 유럽에서는 아무한테도 말하지 않았어요. 왜냐구요? 아무도 믿지 않을 게 뻔하기 때문이죠. 이번 책에 글로 쓰는 것이 훨씬 더 의미 있을 거라고 생각해요.

빈 대학에서는 저를 교수로 초빙하지 않았습니다만, 상관없어요. 1961년에는 미국 하버드 대학교에서, 1966년에는 서던 메소디스트 대학교에서, 1972년에는 듀크 대학교에서 방문 교수로 재직하며 연구했습니다. 1970년, 미국 인터내셔널 대학은 캘리포니아 샌디에이고 캠퍼스에 세계 최초로 로고테라피 분야 교수를 임명하기로 결정했고, 나에게 그 자리에 와줄 것을 간청했습니다. 나는 기쁘게 수락했습니다.

빅터 프랭클

늙음에 대하여

―――

늙는다는 것은 나이 들수록 성숙해진다는 의미입니다. 그러므로 늙음에 대해 거부감을 가질 이유가 없어요. 2주 전에 쓴 원고가 2주 뒤에는 너무 유치하게 느껴지는 경우도 있죠. 내가 2주라는 시간만큼 성숙해졌다는 증거 아니겠어요?

알프스 산맥의 프라이너반트를 등반했을 때의 기억을 자주 떠올립니다. 히말라야 원정대인 그루버가 나를 안내했죠. 돌출된 암벽 위에서 루프에 묶인 나를 안전하게 끌어올리던 그루버가 말했어요.

"교수님, 그거 아세요? 교수님이 암벽을 탈 때 가만히 지켜보면 전혀 힘들어 보이질 않아요. 힘은 달려도 노련한 기술로 거뜬히 암벽을 잘 타셔요. 저도 그 기술을 배우고 싶어요. 알려주세요.”

히말라야 등반 전문가가 내게 등반 기술을 알려달라니! 덕분에 나는 암벽 등반에 자부심을 가질 수 있었죠.

늙는다는 건 존재의 덧없음을 느끼게 합니다. 하지만 이 덧없음이야말로 내 삶을 책임지게 하는 자극제이기도 합니다. 인간 존재의 본질적인 특징이라 할 수 있는 책임감! 우리는 내 삶에 대한 책임감을 가져야 합니다. 로고테라피 치료의 원칙은 인간 개개인이 자신의 삶에 이 책임감을 부여하는 것입니다. 이 원칙은 어느 날 꿈속에서 로고테라피 이론에 대해 고심하다가 번뜩 떠오른 것이었죠. 그래서 자다 일어나서 기록을 남겼습니다.

‘인생을 두 번째로 살고 있는 것처럼 살아라. 그리고 지금 당신이 막 하려고 하는 행동이 첫 번째 인생에서 이미 실수했던 바로 그 행동이라고 생각하라.’[40]

---

[40] 내 앞에 놓인 과제를 수행해 나가기 위해 책임을 가지는 것! 이것이 바로 로고테라피의 행동강령입니다.
‘인생을 두 번째로 살고 있는 것처럼 살아라. 그리고 지금 당신이 막 하려고 하는 행동이 첫 번째 인생에서 이미 실수했던 바로 그 행동이라고 생각하라.’
얼마나 멋진 말인가요? 빅터 프랭클의 말은 우리의 책임감을 자극합니다. 지금 내가 막 하려고 하는 행동이, 과거에 내가 했던 그릇된 행동이라면, 지금 바로 더 좋은 행동으로 수정할 수 있습니다. ‘이번 생은 망했다!’는 말을 농담처럼 내뱉는 사람들이 있어요. 이 말은 오늘 내가 져야 할 책임을 다음 생으로 미루는 책임 회피이자 무책임하게 나의 존재 가치를 부정하는 말입니다.
과거의 실수를 바로잡고 더 나은 인간으로 나아가는 삶 – 나의 사명을 완수하기 위해 책임 있는 가상의 자서전을 써보는 과정을 통해서, 과거의 실수를 되풀이하지 않는 책임감을 갖게 됩니다.

행동을 해야 합니다.
'무엇을 위해', '무엇에 대해', '누구를 책임을 져야 하는가' (누군가를 위해 나는 무엇을 할 수 있는가?)
로고테라피는 내가 책임져야 할 것이 무엇인지를 깨달을 수 있도록 안내합니다. _이시형·박상미, 『내 삶의 의미는 무엇인가』

교황 바오로 6세를 만나다

———

나는 로고테라피가 이룬 업적에 대해서 마음껏 자축할 수만은 없어요. 교황 바오로 6세를 만날 수 있는 특별한 기회가 생겼을 때, 이렇게 말했습니다.

"사람들은 내가 이룬 것들을 바라봅니다. 내가 이룩한 업적만을 바라봅니다. 그때마다 '내가 해야만 했던 일, 내가 할 수 있었던 일, 그러나 하지 못했던 일'이 또렷하게 떠오릅니다. 강제수용소에서 풀려나던 날, 덤으로 받은 50년이라는 인생에 대해 저는 책임을 져야만 합니다."

우리 부부는 교황님을 뵙고 큰 감동을 받았습니다. 그는 우리를 위해서 독일어로 인사를 건네주었죠. 또한 로고테라피에 대

빅터 프랭클

해 이해하고 있었고, 로고테라피는 카톨릭 교회뿐만 아니라 전 인류에 꼭 필요하다고 높이 평가했습니다. 교황님과 대화하는 동안 그분이 얼마나 많은 불면의 밤을 보내는지 알 수 있었습니다. 어떤 판단을 할 때면 양심의 가책을 받으며 어쩔 수 없이 결정해야만 하는 때도 있을 것이고, 그 결정을 카톨릭 교회 전체가 달가워하지 않을 때도 있을 것이고, 그럼에도 불구하고 교황으로서 중요한 결정을 해야 할 때면 잠 못 이루는 밤이 얼마나 많을지 교황님의 얼굴에서 그의 고뇌를 읽을 수 있었습니다. 나는 그분의 고뇌에 깊이 공감했습니다. 책임감과 번민으로 밤을 지새우는 사람들에게 조언하는 말들을 교황님께도 진심으로 전했습니다.

작별 인사를 하고 돌아섰을 때, 교황님이 갑자기 독일어로 외쳤습니다.

"제발 나를 위해 기도해주세요!"

그 순간, 내 눈에서 왈칵 눈물이 쏟아졌습니다. 교황님이 평범한 유대인 정신과 의사인 나에게, 내가 알아들을 수 있는 언어로 외친 마지막 말이었습니다.

로고테라피가 고집하는 일방성이 있다는 걸 저도 인정합니다. 하지만 꼭 필요한 것들을 강하게 주장하기에, 꼭 필요한 고

집을 부리는 것입니다. 1961년, 제5회 국제 학술회의 폐막식에서 부회장으로서 단상에 섰을 때, 이렇게 말했습니다.

"우리가 절대적인 진리에 도달할 수 없다면, 상대적인 진리를 바로잡는 데 만족해야 합니다. 그리고 옳은 것을 고집하는 일방성에 대해서도 용기를 가져야 합니다. 다양한 주장이 공존하는 심리치료의 오케스트라 속에서, 스스로가 옳다고 생각하는 것에 대해 밀고 나가는 의무감도 가져야 합니다."

허무주의자들의 신랄한 냉소와 냉소주의자들의 허무주의적 태도에 나는 동의할 수 없습니다. 허무주의자들의 태도, 만사를 부정하는 냉소주의자들의 태도는 악순환 관계에 있습니다. 그 악순환의 고리를 끊을 수 있는 것은 단 한 가지입니다. '폭로하는 자를 폭로하는 것'입니다. 즉, 폭로하는 자의 오류를 폭로하는 것이지요. 예를 들면, '폭로의 심리학'이라 불리는 '무의식의 심리학'을 폭로하는 것입니다. 프로이트는 우리에게 무의식을 드러내는 것이 얼마나 중요한지 강력하게 주장해왔습니다. 프로이트의 일방성이지요. 하지만 나는 무의식을 파고드는 것을 어딘가에서 멈춰야 한다고 생각합니다.

고통에 시달리는 인간

모든 인간은 고통에 시달린다는 사실을 알아야 합니다. 사실 심리치료 분야에서 나름의 체계를 개발한 사람들은 자신의 병력을 서술해온 것이기도 합니다. 다시 말하면 자신의 병력이 시대의 집단적인 노이로제 증세를 대변하는 것은 아닌지 자문하고, 타인을 위해 자신의 병을 그리고 고통을 기꺼이 고백하고 희생함으로써 타인들이 그 병에 대한 면역력을 기를 수 있도록 만드는 것입니다. 노이로제를 앓는 사람뿐만 아니라 고통받는 모든 사람들에게 이로운 일입니다.

알프레트 아들러 재단의 여성 의장은 공식 석상에서 이런 말을 한 적이 있습니다.

"욤 키푸르 전쟁에서 매우 젊은 이스라엘 병사가 총상을 입어 두 다리를 잃었습니다. 그는 자살을 생각할 정도로 절망했죠. 그런데 그 병사가 어느 날 너무나 밝은 표정으로 나타났습니다. 나는 매우 놀라서 물었습니다. '그사이에 무슨 일이 있었나요?' 그 병사는 웃으며 히브리어로 번역된 프랭클의 책을 건넸습니다. 우연히 『인간의 의미 추구』를 읽었다고 그는 말했어요."

우연히 읽은 책 한 권에서 독서 치료를 경험하는 사람들이 있습니다. 그 병사는 나의 책을 통해서 독서 치료를 경험한 것이지요.

전 세계 곳곳에서 인생에서 큰 고통을 경험한 사람들이 나의 책을 읽고 편지를 보내왔습니다. 자신이 겪은 사건에 대한 기사를 스크랩하여 동봉해오는 사람도 있었습니다. 열일곱 살 때 텍사스 휴스턴에서 다이빙 사고를 당한 제리 롱이 특별히 기억에 남습니다.

1980년 4월 6일자 신문에는 롱의 이야기가 상세히 나와 있었죠. 롱은 사고로 전신이 마비되었지만, 막대를 입에 물고 타자기를 쳐서 글을 쓰고 왼쪽 어깨에 장착한 화상 전화를 이용해 대학에서 열리는 세미나에 참여한다는 내용이었습니다. 롱의 꿈은 심리학자가 되는 것이라고 했습니다.

'박사님, 저는 사람을 좋아합니다. 그들을 돕고 싶어요. 박사님의 책 『인간의 의미 추구』를 매우 감명 깊게 읽었습니다. 지금

제가 겪는 시련이 박사님과 유대인들이 당한 것에 비하면 훨씬 덜한 고통일지도 모르겠습니다. 하지만 저는 박사님의 책을 읽으며 동병상련의 정을 느꼈습니다. 무려 네 번을 정독했어요. 읽을 때마다 새로운 깨달음과 통찰을 얻었습니다. 고통을 겪어본 사람만이 알 수 있는 깨달음이었습니다. 박사님이 고통과 시련의 삶을 살아오셨기 때문에 이 책을 쓸 수 있었고, 저는 이 책을 통해서 얼마나 큰 감동을 받았는지 모릅니다. 저는 사고를 당했고 사지가 마비되었지만, 이 고통이 없었더라면 지금처럼 성숙한 인간이 될 수 없었을 것입니다.'

나는 '인류의 기술'이라는 주제로 강의를 할 때마다 '새벽 3시의 전화 통화'에 대해 언급했죠. 어느 날 새벽 3시에 전화벨이 울립니다. 낯선 여자의 목소리였어요.

"박사님, 나는 자살하기로 결심했어요. 어떻게 생각하세요?"

"나는 자살에 반대합니다……."

우리는 한참 동안 자살에 대한 찬반 토론을 벌였어요. 다행히 그녀는 자살하지 않기로 결심했으며, 내일 아침 9시에 찾아오겠다고 통보한 후에 전화를 끊었죠. 다음 날 오전 9시에 그녀는 내 병원에 나타났습니다.

"박사님, 내가 자살할 결심을 접은 게 박사님의 상담이 설득력 있었기 때문이라고 착각하지 마세요. 내 심경에 변화를 일으킨 건 다른 이유예요. 새벽 3시에 웬 이상한 여자가 전화를 걸어서 난데없이 자살을 하겠다고 횡설수설하는데, 짜증 한 번 내지 않고 무려 30분이나 이유를 들어주고, 이유를 물어주고, 내게 필요한 조언을 해주었기 때문이에요. 그래서 결심했죠. '세상에 이런 사람도 있구나…… 그렇다면 한 번 다시 살아보는 것도 괜찮을 것 같다'고요."

어느 날 아침, 병원에 출근하니 미국 교수들과 정신과 의사들과 학생들이 나를 기다리고 있었어요. 연구를 목적으로 빈에 체류 중인 사람들이었죠. 나는 환영사를 해야 했어요.

"미국에서 『미국 인명사전Who's Who in America』에 올릴 20명을 선정한 후, 그들에게 '인생의 관심사'를 한마디로 써달라는 부탁을 했어요. 나는 20인 중 한 사람이었죠. 내가 뭐라고 답했을 것 같나요?"

모두 생각에 잠겼을 때, 버클리 대학 학생 한 명이 확신에 찬 목소리로 답했습니다.

"다른 사람을 돕는 것에 삶에 의미가 있다. 사람들이 삶의 의미를 찾을 수 있도록 돕는 삶을 살겠다."

정확한 답이었습니다. 나는 정말로 그렇게 썼습니다.

빅터 프랭클

덧붙이는 말[41]

나의 두 번째 아내, 엘리에 대한 이야기입니다. 1946년에 나는 그녀를 만났습니다. 의료진들과 함께 빈 대학병원 신경과 병동을 돌고 있을 때였어요.

젊은 간호사 한 명이 다가와서 한 환자를 먼저 좀 봐달라는 부탁을 하더군요. 방금 수술을 마친 환자였어요.

"그래요. 알겠어요."

내가 수락하자 그녀는 미소를 지으며 감사 인사를 했어요. 나

---

41 프랭클에게 '지구는 사랑을 중심으로 돈다'는 것을 알게 해준 사람은 첫 번째 아내 틸리였습니다. 그리고 프랭클의 삶이 강연과 책을 통해 전 세계 사람들에게 알려질 수 있었던 건, 두 번째 아내 엘리의 헌신 덕분이었습니다. 프랭클이 말년을 보내고 있을 때, 어느 대학에서 그들 부부에게 명예박사 학위를 동시에 수여하겠다고 합니다. 그러자 프랭클은 학위를 아내 엘리에게 단독 수여해줄 것을 부탁할 정도로 엘리의 공헌에 찬사를 보냈습니다. 책의 말미에 엘리에 대한 언급이 '덧붙이는 말'로 짧게 언급된 것은, 자신의 첫 아내 틸리에 대한 예의를 지키고자 하는 마음이 반영된 것이 아닐까 생각해봅니다.

는 옆에 있던 조교에게 물었어요.

"눈이 저렇게 예쁜 사람을 본 적이 있나요?"

1947년, 그녀는 나의 아내가 되었습니다. 우리 딸의 이름은 가브리엘레이고, 사위는 프란츠 베젤리입니다. 나의 손주는 카타리나와 알렉산더입니다.

이 책을 번역한 이유

이 책은 빅터 프랭클이 아흔 번째 생일을 기념해 전 생애를 회고하며 정리한 자서전입니다. 프랭클은 책을 완성하고 2년 후에 세상을 떠납니다. 다른 책에 한 번도 기술한 적 없는 프랭클의 내밀한 기록으로 가득한 이 책은 '빅터 프랭클'이라는 거장의 출생부터 90년의 인생사를 담고 있습니다. 의대생 시절에도 부모님과 떨어져 지내는 것은 너무나 힘들었다고 고백할 만큼 부모님과 정서적 교류가 많았고, 부모님의 축복과 사랑 속에서 자랐습니다. 철저한 합리주의자이면서도 섬세한 감성을 지닌 사람으로 성장할 수 있었던 것은 아버지와 어머니로부터 물려받은 유산이라고 말합니다. 그 시대의 유명 철학자들이 미국으로 망명할 때에도 프랭클이 끝내 빈에 남은 것은 부모님을 떠날 수 없었기 때문이었습니다.

프랭클의 철학적인 사유는 유년기에 시작되었습니다. 세 살 때 의사가 되기로 결심했고, 네 살 때 죽음의 공포를 처음 느낀 후 스스로에게 질문하는 삶이 시작됩니다. '삶의 허무함 때문에 인생의 의미를 잃어버린다면?' 스스로 묻고 답을 찾기 위해 애썼으며, 마침내 '죽음이 삶을 더욱 의미 있게 만든다'는 답을 찾았습니다. 열다섯 살에 「철학적 사고의 심리학」이라는 논문을 쓰고, 프로이트와 편지를 주고받을 정도로 철학적 사유가 깊었습니다. 자애롭고 지혜로운 부모님 밑에서 철학적 사고, 유머 감각, 상상력, 음악·그림·디자인·연기·글쓰기 등등 예술적 감각이 풍부한 사람으로 성장한 이야기를 통해서 프랭클이라는 매력적인 천재가 어떻게 탄생하게 되었는지 이해하게 됩니다.

첫 아내 틸리와의 만남, 나치 당국의 허가를 받은 마지막 유대인 커플의 결혼식, 첫 아이를 임신하자마자 강제로 낙태당해야 했던 때의 충격, 강제수용소에서 헤어지던 날 틸리에게 "꼭 살아남아야 해!"를 외치던 심정, 끝내 수용소에서 비참한 죽음을 맞아야 했던 틸리의 소식을 듣고 가슴을 움켜잡고 통곡했던 날의 기록을 볼 때는 며칠 동안 책장을 덮고 눈물을 삼켜야 했습니다.

아우슈비츠에서 단 몇 초 사이에 생사의 강을 건넜던 극적인 순간들의 묘사는 그날의 공포와 긴장을 생생하게 기록하고 있습니다. 아우슈비츠에 도착하자마자 목숨 같은 원고를 빼앗기

빅터 프랭클

고 가스실에서 사망한 사람이 입었던 누더기 죄수복을 배급받아 입었을 때, 그는 웃옷 주머니에서 찢어진 히브리어 기도문을 발견합니다. 그 종이에 잃어버린 원고의 초안을 틈틈이 다시 쓸 수 있었습니다. 그것은 기막힌 우연이 아니라 운명적 사건이었습니다. 각기 다른 수용소에서 비참하게 죽은 가족들의 이야기는 상세히 서술할 수 없어 '신은 모든 사람에게 다른 죽음을 주었다'는 릴케의 문장으로 대신합니다.

심리학의 거장 프로이트와 아들러와의 만남과 갈등, 이별의 과정까지 처음으로 상세히 기록하였고, 프로이트, 아들러, 프랭클의 철학이 어떻게 다른지 쉽고 간결하게 서술하였기에, 로고테라피의 탄생 과정을 명쾌하게 이해할 수 있습니다. 로고테라피의 탄생 과정과 로고테라피를 만나고 인생의 의미를 찾은 사람들의 고백도 생생한 목소리로 담겨 있습니다. 프랭클이라는 한 사람의 인생의 역사와 20세기 유럽의 철학사, 심리학사, 시대사를 알 수 있는 역사의 기록이기도 합니다.

프랭클은 '왜 살아야 하는지 아는 사람은 어떤 시련도 견딜 수 있다'는 것을 인생으로 보여준 사람입니다. 자유 의지를 가진 영적 존재로서의 인생의 의미를 발견하는 방법을 세상에 전한 사람입니다.

프랭클의 저서와 논문을 거의 다 읽었지만, 다른 책에서는 알 수 없었던 프랭클이라는 존재, 시대가 낳은 철학자이자 치유자의 탄생을 제대로 이해할 수 있었습니다. 사람을 귀하게 여기어 '사람 중심'이 아닌 연구를 반대하고, 오로지 환자를 통해 배우고, 환자의 말에 귀 기울이려고 애쓰는, 한 영혼이라도 살리기 위해 끝까지 노력하는 로고테라피 치료의 정신을 이 책을 통해 배울 수 있었습니다.

절망에서 희망을, 죽음에서 삶을 선택하는 자유는 내 안에 있다는 것을 깨닫는 기쁨과 내 삶의 의미를 발견하는 감격을 많은 사람들과 함께 누리고 싶습니다. 지금, 한국인들에게 꼭 필요한 삶에 대한 답을 함께 나누고 싶습니다. 이 책을 번역할 수밖에 없었던 이유입니다.

박상미

빅터 프랭클

Viktor E. Frankl, 1905~1997

누군가는 내 책을 읽으면서
다시 살기로 결심했다고 합니다.
책을 쓰길 참 잘했다는 확신을 갖게 되었어요.

1910년 __ 빅터 프랭클의 형제 월터, 여동생 슈텔라 프랭클
형 월터와 나는 장난꾸러기 형제였고, 여동생 슈텔라는 순
진하고 착한 아이였어요.

빅터 프랭클의 생가, 체르닌가세 6번지

나는 체르닌가세 6번지에서 태어났습니다. 로고테라피 이론은 이곳에서 탄생했습니다.

1939년 __ 빅터 프랭클의 부모, 가브리엘과 엘사

나는 선하고 인자한 어머니와 엄격하고 책임감 강한 아버지를 모두 닮았어요.

1925년 __ 프랭클 가족의 가족 나들이

눈을 감고 있으면 따뜻한 기운이 나를 행복하고 안전하게 감싸고 있는 느낌을 받았어요.
우리는 유난히 가족애가 강했어요.

1936년 __ 빅터 프랭클과 알파인 클럽 도나우 지부
내가 가장 자랑스러워하던 알프스 산악회 도나우 지부의 산악 동지들입니다.

1955년 __ 렉스를 등반하는 빅터 프랭클
정신을 집중하는 데는 암벽 등반이 최고이기에, 알프스의 고원지대인 렉스를 동경합니다.

1950년 __ 빅터 프랭클과 그의 산악 동지 루돌프 라이프
암벽 등반가 루돌프 라이프가 제 친구예요.
그는 알프스 산악회 '도나우'의 회장이었어요.

1940년 _ 빅터 프랭클의 첫 번째 아내, 틸리

첫 아내 틸리는 반하지 않을 수 없는, 사랑스러
운 연인이었죠.

1941년 __ 빅터 프랭클과 틸리의 웨딩 사진
우리는 나치 당국의 결혼 허가를 받은 마지막 유대인 커플이었습니다.
면사포를 쓴 아름다운 틸리는 내 기억 속에 꿈같은 한 장면으로 남아 있어요.

1945년 _ 카우페링 제3 수용소의 반지하 막사
카우페링 수용소에서 굶주림에 지쳐 언 땅을 손톱으로 파내어 바짝 마른 당근 뿌리를 뽑아 먹는 처지에 놓였을 때, 비로소 아버지의 심정을 공감할 수 있었습니다.

1946년 _ 빅터 프랭클

3년 동안 나는 테레지엔슈타트, 아우슈비츠, 제3 카우페링 수용소, 튀르크하임 수용소, 네 군데를 거쳤습니다. 그리고 끝내 살아남았습니다.

Konz.-Lager Dachau-Krankenbau

Der _____ Häftling-Block _____

_____ Nr. _____

hat: Schonung
            leichte Arbeit
            Sitzarbeit
            Arbeit im Freien
Lichtbad - Massage - Heilicht
Abholdiät - Weißbrot -
wird dem Invalidenblock zugewiesen
soll nicht schwer heben und tragen

vom _____ mit _____ 19__

Der _____ Lagerarzt. I.A. Dr.

HLV   HÖH T NR
           Block NR

SCHONUNGSZETTEL

für:

Liegel   wegen:
Sitz
von: bis:
Auf:

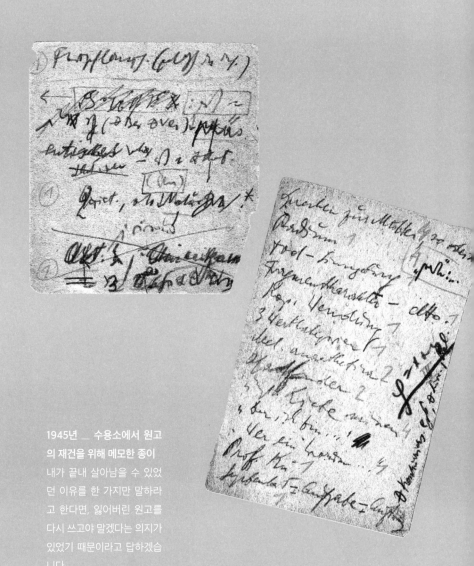

1945년 __ 수용소에서 원고의 재건을 위해 메모한 종이

내가 끝내 살아남을 수 있었던 이유를 한 가지만 말하라고 한다면, 잃어버린 원고를 다시 쓰고야 말겠다는 의지가 있었기 때문이라고 답하겠습니다.

1947년 __ 빅터 프랭클과 그의 두 번째 아내 엘리

니들먼 교수는 엘리를 '환한 빛이 나는 따뜻함을 가진 사람'이라고 표현했어요.

참으로 적합한 표현이었죠.

1950년 _ 카페에서 신문을 읽는 빅터 프랭클

나는 진한 커피를 아주 좋아해요. 바쁘게 강연을 다니다 보면 내가 원하는 커피를 먹을 수 없을 때가 있어서, 고카페인 정제를 가지고 다닐 정도죠.

1952년 __ 폴리클리닉에서 환자와 상담 중인 빅터 프랭클
나는 오로지 환자를 통해 배우고, 환자의 말에 귀 기울이려고 애썼습니다.

1959년 __ 뉴욕에서 열린 강연

나를 공격하는 연사는 말로 나를 이기기가 무척 어려웠어요.
나는 청중들을 웃겨서 모조리 내 편으로 만드는 능력이 있었으니까요!

1960년 __ 빅터 프랭클과 마틴 하이데거
하이데거가 나를 비판한다면 기꺼이 받아들이겠다고 생각할 만큼 나는 그를 높이 평가
합니다.

1960년 __ 철학자 야스퍼스와 빅터 프랭클

야스퍼스는 이런 말을 했습니다.

"당신이 수용소 시절에 대해 쓴 글은 인류 역사상 가장 위대한 책 중 하나라고 생각합니다."

1960년 __ 스위스의 정신과 의사 빈스방거(오른쪽)

훌륭한 석학이지만 타인에게 관대하고 언제나 긍정적인 인품을 지닌 사람들이 있습니다.

철학자 빈스방거도 그런 사람입니다.

오스트리아의 정신과 의사 푀츨

프로이트와 아들러 외에 천재를 꼽으라면 내 친구 푀츨이라고 자신 있게 답할 수 있습니다. 푀츨은 너무나 자상한 나의 친구였죠.

1964년 __ 두 번째 아내 엘리

엘리를 처음 본 날, 나는 옆에 있던 조교에게 물었어요.

"눈이 저렇게 예쁜 사람을 본 적이 있나요?"

1965년 __ 강의 중인 빅터 프랭클

어떤 강연에서는 한 사람 한 사람이 모두 내 말에 집중하고 있고, 내 말이 그들에게 깊은
깨달음을 주고 있다는 것이 온몸으로 느껴집니다.

1965년 __ 빅터 프랭클과 폴 리클리닉의 동료들
나는 25년간, 빈 대학병원 정신과의 책임자로서 환자들을 돌보았습니다. 나의 별명은 '신경정신과의 괴벨스'였어요.

1967년 _ 강의 중인 빅터 프랭클
수용소에서 나는 밝고 따뜻하고 웅장한 대강당의 단상 위에 서 있는 내 모습을 상상했습니다. 그 상상이, 오늘 현실이 되리라고는 감히 바라지 못했습니다.

1969년 _ 일본 도쿄에서 열린 빅터 프랭클의 강연
도쿄에서 강연을 하고 바로 비행기를 타서 태평양을 건너면, 같은 날짜에 저녁 강연을 할 수 있었죠. 엘리와 나는 이것을 '세계 강연 여행'이라고 불렀어요.

1970년 __ 교황 바오로 6세를 만난 빅터 프랭클
교황 바오로 6세를 만났을 때, 나는 그의 얼굴에서 고뇌를 읽을 수 있었습니다.
책임감과 번민으로 밤을 지새우는 이들의 고뇌를요.

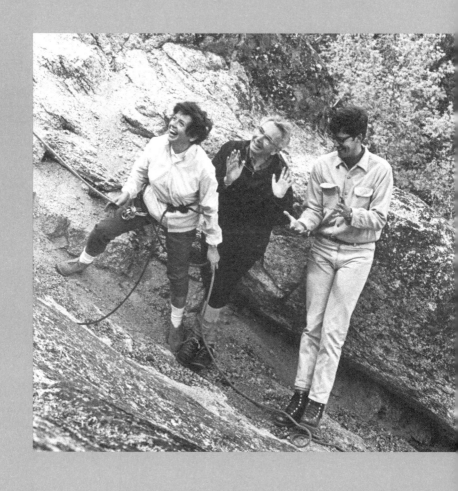

1970년 __ 요세미티 계곡에서 등반하고 있는 빅터 프랭클과 그의 아내 엘리
나는 아프리카 요세미티 계곡 산악 학교에 첫 번째 학생으로 입학하기도 했어요.

1971년 __ 비행기의 좌석에서 빅터 프랭클

내 친구들은 내가 예순일곱 살에 첫 비행에 도전하고, 두 달 만에 솔로 비행에 성공한 것이 높은 곳을 향하는 심리학을 추구하는 것과도 관련이 있다고 말해요.

1976년 __ 렉스에서 빅터 프랭클과 엘리
엘리도 암벽 등반을 좋아하는 나와 함께 아주 위험한(난이도 4등급) 고봉에 올랐습니다.

프랭클의 딸 가브리엘레와 사위 프란츠 베젤리.

제9차 로고테라피 국제 학술회의에 참석한 할아버지를 응
원하러 온 프랭클의 손주 카타리나와 알렉산더.

1994년 __ 빅터 프랭클
늙는다는 것은 나이 들수록 성숙해진다는 의미입니다.
그러므로 늙음에 대해 거부감을 가질 이유가 없어요.

빅터 프랭클 가족의 무덤

'인생을 두 번째로 살고 있는 것처럼 살아라. 그리고 지금
당신이 막 하려고 하는 행동이 첫 번째 인생에서 이미 실수
했던 바로 그 행동이라고 생각하라.'

빅터 프랭클

어느 책에도 쓴 적 없는 삶에 대한 마지막 대답

ⓒ 빅터 프랭클, 2021

초판 1쇄 발행일 2021년 12월 25일
초판 3쇄 발행일 2022년 2월 15일

지은이 빅터 프랭클
옮긴이 박상미
펴낸이 사태희
편 집 최민혜
디자인 권수정
마케팅 장민영
제 작 이승욱 이대성

펴낸곳 (주)특별한서재
출판등록 제2018-000085호
주 소 04037 서울시 마포구 양화로 59, 703호 (서교동, 화승리버스텔)
전 화 02-3273-7878
팩 스 0505-832-0042
e-mail specialbooks@naver.com
ISBN 979-11-6703-038-2 (03180)